よくわかるFPシリーズ

合格テキスト

FP技能士1級

6 相続・事業承継

TAC FP講座 編

はじめに

　日常生活に役立つ知識を幅広く得られる資格、それがFP資格です。銀行、証券会社、保険会社等の金融業界や、不動産業界などでは、FP技能士２級は必須といわれるほど浸透した資格となりました。２級まで取得された方は、学習以前と比べて視野が広がったことを実感されているでしょう。

　FPの資格が活かせるのは、金融業界に限りません。独立してFP事務所を構え、お金の相談にかかわっていくためには、やはり、１級レベルの知識が必要になってきます。学習した知識が実務に直結する、それがFP技能士１級なのです。

　そして、日本のFP業務のなかで最もニーズの高いもののひとつが「相続」の問題です。2025年には、団塊の世代が後期高齢者となります。また、家庭裁判所での相続事件の取り扱いは、年々増加し、現在では年間死亡者数の７件に１件の割合にもなっています。FP技能士としては、プランニングにあたり、「次の世代への人生設計の引渡し」という観点で、節税対策のみならず、「争続」とならないような遺産分割対策や納税資金対策も重要な問題となります。また、中小企業オーナーの相続にあたっては、当然のこととして事業承継対策も重要な問題です。

　ところが受験生のなかには相続・事業承継を苦手とされる方が多いようです。本書は、受験対策としてはもちろん、FP実務の手引書としても十分に役立つ内容となっています。

　本書を最大限に活用することで、FP技能士１級合格をつかみとり、将来の夢の実現につながることを心より祈念いたします。

2024年５月

TAC　FP講座

本書の特長・利用方法

PICK UP 1

出題傾向・全体像

章扉のページに過去6回分の出題状況を示してあります。出題されたテーマには☆印がついているので、重点的に学習しましょう。

重要論点を確認し、学習内容を把握しておきましょう。

第1章

相続と法律

過去の出題状況	2022.5	2022.9	2023.1	2023.5	2023.9	2024.1
相続制度の基本的な仕組み		☆		☆	☆	
遺言（遺留分）	☆		☆	☆		
成年後見制度						☆
普通養子					☆	
特別受益				☆		
寄与分	☆		☆			
配偶者の居住権		☆				
遺留分に関する民法特例	☆	☆				☆

1. 相続制度の基本的な仕組み
   相続人の範囲・順位・相続分
   相続の承認と放棄
   遺産の分割の仕方

2. 遺言
   遺言の効力
   遺言の方式
   遺留分

3. 成年後見制度
   後見制度の内容

PICK UP 2

重要公式・語句

本試験で計算問題を解く際に重要となる公式には色付きのアミをかけて強調しています。

重要な用語・内容を色付き文字で目立たせ、覚えるべき語句が把握しやすくなっています。

---

3 遺留分算定の基礎となる財産

遺留分は、遺留分の算定の基礎となる財産に遺留分の割合を乗じて計算する。遺留分の算定の基礎となる財産は次のように計算する。

遺留分算定の ＝ 相続開始時に有 ＋ 贈与財産の価額* － 債務の額
基礎となる財産 　した財産の価額

※ 贈与財産の価額
① 相続人以外の者に対する相続開始前1年間の贈与財産
② 相続人に対する相続開始前10年（原則）以内のもので、特別受益に該当するもの

4 遺留分侵害額請求権

遺言による相続分の指定ならびに遺贈または生前の贈与によって遺留分が侵害された場合でも、その遺言が無効になるわけではない。遺留分を侵害された遺留分権利者は、遺留分侵害額に相当する金銭の支払いのみを請求することができる。これを遺留分侵害額請求権という。

遺留分侵害額請求は、家庭裁判所に請求する必要はなく、遺留分を侵害する者に対して遺留分侵害額請求の意思表示をすればよい（通常は内容証明郵便で行う）。

5 遺留分侵害額請求権の消滅

遺留分侵害額請求権は、遺留分権利者が相続の開始および遺留分を侵害する贈与または遺贈があったことを知った時から1年間、または相続の開始のときから10年間に限りその行使が認められ、それを経過すると時効により消滅する。

6 遺留分の放棄

遺留分の放棄は、相続開始の前でも後でも行うことができる。相続開始前に遺留分の放棄をするためには家庭裁判所に申し立てて許可を受ける必要があるが、相続開始後であれば特に手続は必要なく、他の共同相続人に遺留分の放棄の意思表示をすればよい。

遺留分を放棄しても、相続に関する権利のうち、遺留分に関する権利を放棄するだけであって相続人としての地位まで失うわけではない。したがって、相続人として財産を取得することができる。

POINT!
・兄弟姉妹には遺留分はない。
・直系尊属だけの遺留分の割合は3分の1、その他の場合は2分の1。
・遺留分の放棄があっても相続の放棄をしたことにはならない。

28

PICK UP ③

図表・POINT!

図表や資料を多用して説明をわかりやすくまとめ、視覚的にもスムーズに理解できるようにしました。

項目の最後に設けた **POINT!** で、覚えるべき事柄を把握しておきましょう。

権を付与する委任契約である。任意後見人に同意権や取消権はない。

■法定後見制度と任意後見制度の比較

	法定後見	任意後見
どのような人が利用できる？	判断能力がなくなった人	判断能力がある人
後見人はどのように決まる？	裁判所が選任（希望を伝えることはできる）	自分の意思で選ぶ
後見人になれるのはどのような人？	家族及び親族の他、弁護士・司法書士・社会福祉士等の専門家や、法人もなることができる	
申立てができる人は？	本人・配偶者・四親等内の親族・市町村長など	本人・配偶者・四親等内の親族、任意後見受任者
後見人の仕事は？	法律によって決まる	任意後見契約で決めるため、自分の希望を反映できる
後見人への報酬は？	裁判所の審判によって報酬が決まる	任意後見契約によって自由に決められる
後見人を監督する人は？	裁判所が必要だと判断した場合は監督人が選任される	裁判所によって必ず監督人が選任される
本人が行った法律行為を取り消すことができるか？	原則、取り消せる	取り消せない

❸ 成年後見登記制度

法定後見制度における成年後見人等の権限の範囲や任意後見契約の内容は、東京法務局において登記され、本人や成年後見人などの限られた者からの請求に基づいて、「登記事項証明書」が発行されて登記情報が開示される。

法定後見制度では、後見・保佐・補助開始の審判がされたときに、家庭裁判所の嘱託によって登記される。任意後見制度では、任意後見契約の公正証書が作成されたときに、公証人の嘱託により登記される。

▶**POINT!**
・法定後見、任意後見制度ともに後見人として法人を選任することができる。
・任意後見制度は必ず公正証書により契約を行い後見が開始すると任意後見監督人が必ず選任される。
・後見事項は登記される。

32

PICK UP ④

チェックテスト

章末には、インプットした内容を確認できるように、○×形式のチェックテストを掲載しています。簡潔にまとめられていますので、すばやく復習ができます。必ず解いてみましょう。

チェックテスト

第1章 相続と法律

(1) 被相続人の配偶者の連れ子は、被相続人と養子縁組しない限り相続人にはなれない。

(2) 代襲相続は、被代襲者が承継すべきであった相続分を承継する。

(3) 遺言で指定された相続分が法定相続分と異なる場合、法定相続分が優先される。

(4) 限定承認をした場合には、相続によって得た財産を限度額として被相続人の債務を負担することになる。

(5) 被相続人の生前であっても「相続を放棄」する旨を他の相続人全員に約束しておけば被相続人の死亡後、改めて相続放棄の手続をする必要はない。

(6) 相続が開始すると被相続人の財産は共同相続人全員の共有となり、その後遺産の分割が行われることになる。

(7) 遺言には配偶者と共同でする共同遺言が認められている。

(8) 相続人が配偶者と被相続人の兄の場合、配偶者の遺留分は遺産総額の8分の3である。

(9) 法定相続人が配偶者と子3人の合計4人いる場合、子の遺留分は各12分の1である。

(10) 法定後見制度と任意後見制度のいずれにおいても、後見人等は公正証書により代理権を付与される。

(11) 配偶者短期居住権は、遺産分割により対象となる建物の帰属が確定した日または相続開始の時から6ヶ月を経過する日のいずれか遅い日までの間、当該建物を無償で使用することができる権利である。

解答
(1) ○　(2) ○　(3) ×　(4) ○　(5) ×
(6) ○　(7) ×　(8) ×　(9) ○　(10) ×　(11) ○

チェックテスト　33

---

v

FP技能士・1級試験のしくみ

1級FP技能検定　試験概要

試験実施団体	金融財政事情研究会（金財）	
試験科目と出題形式	【学科試験】	基礎編　マークシート方式による筆記試験、四答択一式
		応用編　記述式による筆記試験
	【実技試験】	口頭試問形式
受検資格	① 2級技能検定合格者で、FP業務に関し1年以上の実務経験を有する者、②FP業務に関し5年以上の実務経験を有する者、③厚生労働省認定金融渉外技能審査2級の合格者で、1年以上の実務経験を有する者	
試験日	【学科試験】	9月・1月・5月の年3回
	【実技試験】	6月・10月・2月の年3回
試験時間	【学科試験】	基礎編 10：00～12：30
		応用編 13：30～16：00
	【実技試験】	面接開始約15分前に設例配布、各面接の1人当たり所要時間は約12分。
出題数と合格基準	【学科試験】	基礎編　50問、応用編　5題、200点満点で120点以上
	【実技試験】	異なる設例課題に基づき2回面接、200点満点で120点以上

1級試験お問い合わせ先	一般社団法人　金融財政事情研究会　検定センター https://www.kinzai.or.jp/ TEL 03-3358-0771

1級FP技能士とCFP®

・2級FP技能検定合格者で1年以上のFP実務経験を有する者 ・5年以上のFP実務経験を有する者	・AFP登録者 ・FP協会が認めた大学で所定の単位を取得した者
FP技能士1級学科試験を 受検・合格！	CFP®資格審査試験を受検・合格！ ↓ CFP®エントリー研修 ↓ 3年間の実務経験要件充足・日本FP協会登録により、CFP®として認定

実技試験を受検・合格！

1級FP技能士に！

目　次

第1章

相続と法律

過去の出題状況	2022.5	2022.9	2023.1	2023.5	2023.9	2024.1
相続制度の基本的な仕組み		☆		☆	☆	
遺言（遺留分）	☆		☆	☆		
成年後見制度						☆
普通養子					☆	
特別受益				☆		
寄与分	☆		☆			
配偶者の居住権		☆				
遺留分に関する民法特例	☆	☆				☆

1．相続制度の基本的な仕組み
相続人の範囲・順位・相続分
相続の承認と放棄
遺産の分割の仕方

2．遺言
遺言の効力
遺言の方式
遺留分

3．成年後見制度
後見制度の内容

1 相続の意義と相続人

1 相続の意義

　相続とは、民法が定めた財産等の無償移転の形態であり、人の死亡によってその死亡した人（これを被相続人という）の財産に属していた一切の**権利義務**を、その死亡した人と一定の血族関係あるいは配偶関係にある人（これを相続人という）が**包括的**に承継することをいう。

　ただし、死亡した者の一身に専属するものについては、承継できない。

2 相続の開始・場所

①　相続の開始

　相続は、人の死亡によって開始する。被相続人が死亡すると被相続人が所有していた財産は相続人に移転し、分割が確定するまでの間、共同相続人の共有となる。

②　失踪宣告

　失踪宣告とは、人の生死や行方不明の状態が一定期間続いたときに、その者が死亡したものとみなすというもので、利害関係者の申し立てによって家庭裁判所が行う。

　失踪には普通失踪と危難失踪がある。普通失踪は、不在者の生死が7年間わからない場合に、その7年間の期間が満了した時に死亡したものとみなされ、相続が開始する。危難失踪は、危難が去った後1年間その者の生死がわからない場合に、その危難が去った時に死亡したものとみなされ、相続が開始する。

③　相続開始の場所

　相続は、被相続人の住所において開始する。相続の放棄などの手続は、被相続人の住所を管轄する家庭裁判所で行う。

3 相続人の範囲と順位

相続人の種類	順　位	相続人となる者
配偶者相続人	常に相続人	配偶者
血族相続人	第1順位	子（養子含む）およびその代襲相続人
	第2順位	直系尊属（親等の近い者を先に）
	第3順位	兄弟姉妹およびその代襲相続人（甥・姪まで）

4 相続人となれない者

次に掲げる事由のいずれかに該当する者は、配偶関係にある者および血族関係にある者であっても、相続人となることはできない。

① 相続の開始以前に死亡している。

相続人が、被相続人より先に死亡している場合には、その相続人の子が代襲相続人となる。また、同時死亡も以前死亡に該当し、代襲相続の原因となる。同時死亡とは、たとえば親と子が同一の事故により死亡し、どちらが先に死亡したかわからないときに同時に死亡したと推定するというもので、次の効果がある。

■同時死亡の効果

(a) 同時死亡の推定を受けた者の間では、相互に相続は開始しない。

(b) 同時死亡は、相続開始以前の死亡に含まれるため、代襲原因となる。

② 相続人の欠格事由に該当している。

欠格事由とは被相続人等の生命に対する侵害行為や遺言に関する違法な干渉をいう。欠格事由に該当すると、法律上当然に相続権を失う。

■欠格事由

(a) 故意に被相続人または相続について先順位もしくは同順位に在る者を死亡するに至らせ、または至らせようとしたために、刑に処せられた者

(b) 被相続人が殺害されたことを知って、これを告発せず、または告訴しなかった者。ただし、その者に是非の弁別がないとき、または殺害者が自己の配偶者もしくは直系血族であったときは、この限りでない。

(c) 詐欺または強迫によって、被相続人が相続に関する遺言をし、これを取り消し、またはこれを変更することを妨げた者

(d) 詐欺または強迫によって、被相続人に相続に関する遺言をさせ、これを取り消させ、またはこれを変更させた者

(e) 相続に関する被相続人の遺言書を偽造し、変造し、破棄し、または隠匿した者

③ 推定相続人から廃除されている。

廃除とは被相続人に対し虐待等を加え、または著しい非行がある遺留分のある推定相続人を被相続人が家庭裁判所に請求をして相続権を失わせることをいう。

なお、廃除（廃除の取消しを含む）は、生前でも遺言でもどちらでもできる。

代 襲 相 続 の 原 因
① 相続開始以前に死亡（同時死亡含む）
② 欠格
③ 廃除
（注）相続の放棄は代襲原因とならない。

5 被相続人の子およびその代襲相続人

（1）子の範囲

実子（特別養子制度により養子縁組をした子を除く）・養子・嫡出子・非嫡出子（婚姻外のもとに生まれた子）を問わない。

① 非嫡出子
  (a) 被相続人が男性の場合……認知を必要とする（認知の効力は出生時に遡る）
  (b) 被相続人が女性の場合……認知は不要とされる（分娩出産の事実）

② 養　子
  (a) 養子縁組の日から嫡出子たる身分を取得する。
  (b) 実親または養親が死亡した場合
    ・普通養子制度
     自然血族は消滅しないため、実親・養親双方の相続人となる。
    ・特別養子制度
     自然血族は消滅するため、養親のみの相続人となる。

③ 胎　児
  胎児については、相続についてすでに生まれたものとみなして相続権を認める。ただし、死産の場合には相続人として取り扱わない。

④ 配偶者の連れ子
  血族でないため相続人とならない。

（2）子の代襲相続人

被相続人の子が相続開始以前に死亡し、または欠格もしくは廃除により相続権を失っているときは、その者の直系卑属（被相続人の孫やひ孫）が代襲者となって相続する。

（3）養子の子の代襲相続

被相続人の養子が、被相続人より先に死亡していた場合には、その養子の子は代襲相続人となる。ただし、養子の子が、被相続人と養子との養子縁組前に出生していた場合には、養子の子は代襲相続人とならない。

6 直系尊属

　直系尊属とは、直系（血統が直線的につながっていること）の尊属（自分より世代が上の者）で、かつ、血族である者をいうため、被相続人の父母以外に祖父母等も直系尊属になる。この場合には、被相続人に親等の近い者から優先して相続人となる。また、代襲の規定はない。

7 兄弟姉妹およびその代襲相続人

①　代襲については、兄弟姉妹の子（甥、姪）までに限定され、再代襲はできない。
②　父母の一方のみを同じくする兄弟姉妹を半血兄弟姉妹といい、相続権を有する。

8 養子縁組の要件

（1）普通養子縁組の要件
①　成年に達した者は養親となることができる。
②　年上の者や尊属に該当する者を養子とすることはできない。
③　配偶者のある者が未成年者を養子とする場合には、配偶者の嫡出子を養子とする場合を除き、配偶者とともに養親とならなければならず、夫または妻の一方のみが単独で養親になることはできない。
④　婚姻している者が養親となる場合、または、養子になる場合には、配偶者の同意を得なければならない。
⑤　養子となる者が15歳未満の場合には、法定代理人の承諾が必要である。
⑥　未成年者を養子とする場合には、家庭裁判所の許可を得なければならない。ただし、自己または配偶者の直系卑属を養子とする場合には、家庭裁判所の許可は不要である。

（2）特別養子縁組の要件
①　養子となる者は原則として15歳未満でなければならない。
②　養親となる者は、婚姻している者で、夫婦が共同で養親とならなければならない。
③　養親となる者は2人とも20歳以上で、少なくとも1人は25歳以上でなければならない。
④　養子となる者の実父母の同意が必要である。
⑤　養子となる者が15歳以上の場合には、その者の同意が必要である（15歳未満の者についても、その意思を十分に考慮しなければならない）。

POINT!

・配偶者は常に相続人となる。
・血族相続人は順位がある。
・相続人が以前死亡、欠格、廃除に該当している場合は代襲相続となる。

2 相続分

1 法定相続分

(1) 配偶者相続人と血族相続人の相続分

配　偶　者 相　続　人	血　族　相　続　人		
	子	直 系 尊 属	兄 弟 姉 妹
$\dfrac{1}{2}$	$\dfrac{1}{2}$		
$\dfrac{2}{3}$		$\dfrac{1}{3}$	
$\dfrac{3}{4}$			$\dfrac{1}{4}$

(2) 血族相続人についての共通事項

① 同順位者が複数いる場合は、その人数で上記の相続分を等分する。

② 子は実子・養子・嫡出子・非嫡出子にかかわらず相続分は同一である。

③ 半血兄弟姉妹の相続分は全血兄弟姉妹の $\dfrac{1}{2}$ となる。

2 代襲相続分

代襲相続分（全体）は被代襲者が相続するはずであった相続分に一致する。

3 指定相続分

指定相続分とは、被相続人が遺言によって相続人の相続分を指定することをいう。指定をする場合、相続人全員の相続分を指定または一部の相続人についてのみ指定することもできる。

4 特別受益者の相続分

(1) 趣　旨

共同相続人の一部の者が、被相続人から相続分の前渡しとみられるような生前贈与や遺贈（特別受益という）を受けている場合には、これらを考慮せずに相続分の算定をすると生前贈与や遺贈を受けた者は、二重に利益を得ることとなる。そこで相続人間の公平を図るため、特別受益者の相続分の算定には特別の規定を設けている。

（2）特別受益

特別受益とは、次のものをいう。
- ・婚姻、養子縁組のためまたは生計の資本として受けた贈与（経過年数には制限がない）
- ・遺贈

（3）特別受益の持戻し

共同相続人のうちに特別受益者がある場合には、被相続人が相続開始の時に有していた財産（遺贈財産を含む）の価額に、特別受益とされる生前贈与財産の価額を加えたものを相続財産とみなし、このみなし相続財産に法定相続分を乗じて各相続人の相続分を算出する。

さらに、この相続分から特別受益の財産の価額を控除したものが、特別受益者の具体的相続分となる。

■設例

次の場合において、各共同相続人の相続分を求めなさい。
相続人：子A、子Bおよび子Cの3人
被相続人の相続開始時の財産の価額：2億5千万円
生前贈与：子Cは生計の資本として現金5千万円を取得している。

【解　答】
各共同相続人の相続分
① 相続財産の価額：2億5千万円
② 特別受益の価額：5千万円
③ みなし相続財産の価額：2億5千万円＋5千万円＝3億円
④ 各相続人の相続分
　子Aおよび子B：3億円$\times \dfrac{1}{3} = \underline{1億円}$

　子C：3億円$\times \dfrac{1}{3} - 5千万円 = \underline{5千万円}$

（4）持戻しの価額

特別受益の持戻しの価額は、相続開始時の時価による。受贈者の行為により贈与を受けた財産が滅失し、またはその価格の増減があったときでも、相続開始の時において原状のまま所有しているものとみなして持戻しの計算をする。

（5）持戻し免除

被相続人が持戻しをしないという意思表示をしている場合には、持戻しを行わない。これを特別受益の持戻しの免除という。
　（注）婚姻期間が20年以上の夫婦間で配偶者に対して居住用建物またはその敷地を遺贈または
　　は贈与した場合には持戻しの免除の意思表示があったものとして推定し、遺産分割において
　　ては、原則として当該居住用不動産の持戻し計算を不要とする。

5 寄与分

(1) 趣　旨

　共同相続人のうちに、被相続人の営む事業に従事したことなどにより、被相続人の財産の維持または増加に特別の寄与をした者がいる場合に、その相続人に法定相続分以上の財産を取得させることで、相続人間の公平を図ろうとするものである。

(2) 寄与者がいる場合の相続分の計算

　被相続人が相続開始の時において有した財産の価額から共同相続人の協議で定めたその者の寄与分を控除したものを相続財産とみなし、このみなし相続財産に法定相続分を乗じて各相続人の相続分を算定する。寄与者については、この相続分に寄与分を加えた額をもってその者の相続分とする。

　寄与分の利益を受けるのは、あくまでも相続人である。相続人以外の者が被相続人の財産の維持・増加に貢献していたとしても、寄与分を受けることはできない。

（注）特別寄与制度

　　被相続人の相続人でない親族（特別寄与者）が無償で療養看護などの労務を提供して被相続人の財産の維持増加をして特別の寄与をした場合、相続人に対して**金銭**（特別寄与料）を請求できる。金銭（特別寄与料）は、親族（特別寄与者）が被相続人から遺贈により取得したものとみなされ、納付すべき相続税額が算出されるときは、金銭（特別寄与料）の額が確定したことを知った日の翌日から10カ月以内に相続税の申告書を提出しなければならない。

6 身分関係が重複する場合の相続分（二重身分）

　普通養子制度に基づく養子縁組を行った場合には、その養子については、養親との新たな血族関係が発生すると同時に実親との血族関係も継続するため、身分関係が重複することがある。この場合における取扱いは次のとおりである。

① 　相続分は、二重に有するものとして取り扱う。

② 　相続人の数は、1人として取り扱う。

■設例

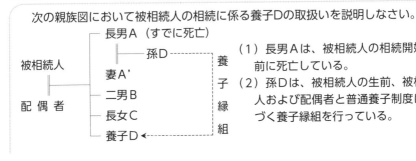

　次の親族図において被相続人の相続に係る養子Dの取扱いを説明しなさい。

（1）長男Aは、被相続人の相続開始以前に死亡している。

（2）孫Dは、被相続人の生前、被相続人および配偶者と普通養子制度に基づく養子縁組を行っている。

【解　答】

　　孫Dは、被相続人と配偶者との間で普通養子制度に基づく養子縁組をしているため、新たに被相続人との親子関係が発生するとともに、実親との親子関係も継続する。したがって、被相続人の子としての身分と長男Aの代襲相続人としての身分の2つを有することになる。

　　孫Dの相続分$= \dfrac{1}{2} \times \dfrac{1}{4} + \dfrac{1}{2} \times \dfrac{1}{4} = \dfrac{1}{4}$

（注）　この場合でも、相続人の数の判定では孫Dを1人として取り扱う。

POINT!

・特別受益者の相続分……特別受益額を相続財産に持戻す。
・寄与相続人の相続分……寄与分に相当する財産は優先的に取得し、残りの財産が相続財産となる。

3 相続の承認と放棄

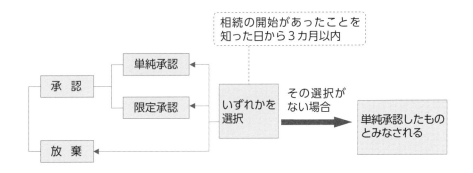

1 単純承認

　単純承認とは、被相続人の権利義務を無制限に承継することをいう。単純承認は特に手続は必要ない。また、次のような場合には相続人は単純承認をしたものとして取り扱う。

① 相続人が相続財産の全部または一部を処分したとき。ただし、保存行為その他一定期間内の賃貸をする場合は除かれる。

② 相続人が自己のために相続の開始があったことを知った日から3カ月以内に限定承認または放棄をしなかったとき。

③ 相続人が限定承認または放棄をした後でも相続財産の全部もしくは一部を隠匿し、私的にこれを消費または悪意でこれを財産目録中に記載しなかったとき。

2 限定承認

　限定承認とは、相続によって得た財産の限度においてのみ被相続人の債務を承認することをいう。したがって、被相続人が債務超過であった場合においても、相続人はその債務超過部分を自分の財産を持ち出してまで弁済する必要はなくなる（なお、限定承認をした場合に、相続財産に不動産があるときには、被相続人がその財産を時価で譲渡したものとみなして譲渡益が所得税の課税対象になる）。

　限定承認をするには、相続人が数人いるときは、全員で行わなければならず、また、相続の開始があったことを知った日から3カ月以内に財産目録を作成して、家庭裁判所に限定承認申述書を提出しなければならない。

3 放 棄

　放棄とは被相続人の権利義務の承継をすべて拒否することをいう。

　相続の放棄は、相続開始前にすることはできない。相続の放棄をするには、相続の開始があったことを知った日から3カ月以内に家庭裁判所に相続放棄申述書を提出しなければならない。放棄は限定承認とちがい各相続人が単独でできる。

　なお、いったん相続の放棄をすると、強迫や詐欺によって相続の放棄をさせられた場合を除き、相続放棄を撤回することはできない。

■相続の放棄の効果

(a)　相続を放棄した者は相続開始時にさかのぼって、最初から相続人とならなかったものとみなされる。

(b)　放棄した者の子には代襲相続が認められない。

(c)　放棄することにより相続人に異動を生ずる場合がある。

（例）

```
              ┌── 被相続人
    亡父       │
     │        ├─┤──── 子A （相続放棄）
     ├────────┤
     │        配偶者
    亡母       │
              └── 弟
```

　　相続人は配偶者と弟（第3順位）となる。

(d)　相続を放棄した者は相続財産に属さない財産（生命保険金、死亡退職金等のみなし相続財産）を取得することはできる。この場合、これらの財産は、遺贈により取得したものとして取り扱われる。

POINT!

相続の放棄は各相続人が単独でできるが、限定承認は共同相続人全員で行う。また、相続の放棄は相続開始前にすることはできない。

4 遺産分割の仕方

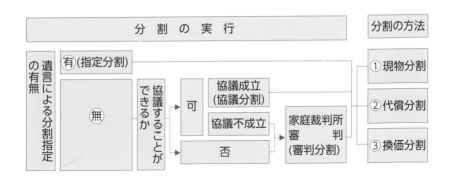

1 指定分割

　指定分割とは、被相続人が遺言によって指示した分割方法である。この方法が最優先される。

2 協議分割

　被相続人の遺言による指定がない場合には、共同相続人全員の協議で分割が行われる。

　協議は全員の参加と同意が必要で、一部の共同相続人を除外し、あるいはその意思を無視した分割協議は無効である。

　なお、分割協議においては、結果的にどのような分割になっても相続人全員の意見の一致をみたすものでさえあれば、協議は有効とされる（分配比率も法定相続分などに従わなくてもよいし、ある相続人の取得分が、ゼロであってもかまわない）。

（注1）遺産の分割について、民法では「遺産の分割は、遺産に属する物または権利の種類および性質、各相続人の年齢、職業、心身の状態および生活の状況その他一切の事情を考慮してこれをする」と定めている。つまり、物的・人的な状況の一切を考慮して行うこととなっている。

（注2）相続人のなかに未成年者がいる場合には法定代理人が必要である。

（注3）分割が確定したら遺産分割協議書を作成する。これは、財産の名義変更を行う際に必要な書類である（書式は定まっていない）。

3 分割の方法

分割の方法	内　容
現物分割	遺産を現物のまま分割する方法で、分割の原則的方法
代償分割	共同相続人の1人または数人が相続により財産の現物を取得し、その現物を取得した者が他の共同相続人に対し債務を負担する分割の方法（事業用資産や不動産など、分割が困難な場合に適している）
換価分割	共同相続人の1人または数人が相続により取得した財産の全部または一部を金銭に換価し、その換価代金を分割する方法

（注）預貯金の払戻し制度の創設

　　　預貯金が遺産分割の対象となる場合に、各相続人は、遺産分割が終わる前であっても、一定の範囲で預貯金の払戻しを受けることができる。

4 分割協議書

　遺産分割が終わり、各相続人が取得すべき財産が確定したら、後日の紛争予防のため遺産分割協議書を作成し、証拠として残しておくべきである。また、財産の名義変更のため、法務局、銀行などに遺産分割協議書を提出する必要がある。

（1）分割協議書の記載事項

　分割協議書は、法令等で特に定められた形式はないが、相続人全員が署名（または記名）・捺印することを必要とする。捺印は、印鑑登録済みの実印を用いる。

　原則として相続人全員が一堂に会して協議し、合意結果を協議書にまとめるが、あらかじめ1人の相続人が協議書を作成し、他の相続人が順次これに署名・捺印して作成する方法でもかまわない。

　遺産分割協議書に全員が異議なく署名・捺印したときには、遺産分割協議は完全に終了する。特別な事情がない限り再分割の請求はできない。ただし、ある相続人について、第三者の強迫や他の共同相続人の詐欺によって遺産分割の合意をした等の事情がある場合は、その相続人は遺産分割協議を取り消すことができる（例えば遺産分割無効確認の訴えを提起するなど）。

遺産分割協議書

　被相続人Aの遺産につき、同人の相続人全員において分割協議を行った結果、各相続人は次のとおり遺産を分割し取得することに決定した。

　1、相続人Xが取得する財産

　（1）土　　　地

　　　　所　　在　　○○○市○○○町○○○丁目

　　　　地　　番　　○○○番

　　　　地　　目　　○○○

　　　　地　　積　　○○○㎡

　（2）建　　　物

　　　　所　　在　　○○○市○○○町○○○丁目○○○番地

　　　　家屋番号　　○○○番

　　　　種　　類　　○○○○○○

　　　　構　　造　　○○○○○○

　　　　床面積　　　○○○㎡

　2、相続人Yが取得する財産

　　　○○銀行○○支店に対する預金債権

　3、相続人Zが取得する財産

　　　ゆうちょ銀行に対する貯金債権

　4、相続人Xは、被相続人Aの相続債務のすべてを負担する。

　以上のとおり、相続人全員による遺産分割の協議が成立したので、これを証するため本書を作成し各自署名捺印する。

　　　　　　　　　　　　　　　　　　　　　令和○○年○○月○○日

　　　　　　　　　　　相続人　住　　所

　　　　　　　　　　　　　　　氏　　名　　X　　　　実印

　　　　　　　　　　　相続人　住　　所

　　　　　　　　　　　　　　　氏　　名　　Y　　　　実印

　　　　　　　　　　　相続人　住　　所

　　　　　　　　　　　　　　　氏　　名　　Z　　　　実印

（2）相続に関する手続の実務（名義変更など）

■相続に関する手続一覧

手続の種類		期　限	手続先（窓口）	提出（必要）書類
死亡届		7日以内	死亡者の住所地の市区町村役場	死亡診断書または死体検案書
遺言書の検認		相続後遅滞なく	死亡者の住所地の家庭裁判所	遺言書原本、遺言者の戸籍謄本、相続人全員の戸籍謄本、受遺者の戸籍謄本
相続の放棄		3カ月以内	被相続人の住所地の家庭裁判所	相続放棄申述書、申述人および被相続人の戸籍謄本
所得税の申告		4カ月以内	被相続人の住所地の税務署	確定申告書、死亡した者の所得税確定申告書付表
相続税の申告		10カ月以内	被相続人の住所地の税務署	相続税の申告書、その他
生命保険金の請求		3年以内	保険会社	生命保険金請求書、保険証券、最後の保険料領収書、受取人および被相続人の戸籍謄本、死亡診断書、受取人の印鑑証明書
財産の名義変更	不動産	3年以内	不動産の所在地の法務局（登記所）	所有権移転の登記申請書、被相続人および相続人の戸籍謄本、分割協議書、住民票、印鑑証明書、委任状
	株式	なし（死亡後はいつでもできる）	信託銀行、証券会社または株式の発行法人	株式名義書換請求書、株券、被相続人および相続人の戸籍謄本、分割協議書、印鑑証明書
	預金		預入金融機関	依頼書、被相続人および相続人の戸籍謄本、通帳、相続人全員の印鑑証明書、遺産分割協議書
	自動車		陸運局事務所	移転登録申請書、自動車検査証、被相続人および相続人の戸籍謄本、自動車損害賠償責任保険証明書
	電話		電話会社	電話加入承継届、被相続人および相続人の戸籍謄本、相続人の印鑑証明書

5 家裁の手続

（1）調停前置主義

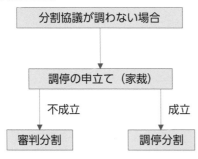

4　遺産分割の仕方　15

（2）調停分割

　調停分割は、家庭裁判所において調停委員2名が当事者に加わって協議を行い、分割を成立させる方法である。審判と異なって、**法定相続分には拘束されない**。調停分割が成立すれば、遺産分割協議書に代わる調停調書が作成される。

（3）審判分割

　審判分割は、裁判の一種であり、裁判官は、遺産に属する物または権利の種類および性質、各相続人の年齢、職業、心身の状態および生活の状況その他一切の事情を考慮して行う。しかし、裁判官は**法定相続分に拘束**され、全共同相続人の合意がない限り、相続分に反する分割はできない。

　具体的な分割の態様は、裁判官の裁量に委ねられている。例えば、現物分割のほか、遺産を売却して換価分割することもできる。また、共同相続人の1人に遺産全部を承継させて、同時に他の相続人に対する債務を負担させる代償分割にすることもできる。また、一定期間分割を禁止することもできる。

6 法定相続情報証明制度

　法定相続情報証明制度は、登記所（法務局）に戸除籍謄本等の束を提出し、併せて相続関係を一覧に表した図（法定相続情報一覧図）を出すことにより、登記官がその一覧図に認証文を付した写しを無料で交付するものである。

　その後の相続手続は、法定相続情報一覧図の写しを利用することで、戸除籍謄本等の束を何度も出し直す必要がなくなる。

（1）必要書類

①　被相続人の戸除籍謄本
②　被相続人の住民票の除票
③　相続人の戸籍謄抄本
④　申出人（相続人の代表となって、手続を進める方）の氏名・住所を確認することができる公的書類※
　※運転免許証の表裏両面コピー
　　マイナンバーカードの表裏のコピー
　　住民票記載事項証明書（住民票の写し）など

（2）申出について

①　本制度は、被相続人名義の不動産がない場合（例えば、遺産が銀行預金のみの場合）でも利用することが可能
②　申出をすることができるのは、被相続人の相続人（当該相続人の地位を相続により承継した者を含む。）
③　代理人となることができるのは、法定代理人のほか、①民法上の親族、②資格者代理人（弁護士、司法書士、土地家屋調査士、税理士、社会保険労務士、弁理士、海事代理士及び行政書士に限る。）

④　申出をすることができる登記所は、次の地を管轄する登記所のいずれか
　　1）被相続人の本籍地
　　2）被相続人の最後の住所地
　　3）申出人の住所地
　　4）被相続人名義の不動産の所在地
　　5）申出は、郵送によることも可能

（3）その他

①　被相続人や相続人が日本国籍を有しないなど、戸除籍謄抄本を添付することが出来ない場合は、本制度は利用できない。

②　被相続人の死亡後に子の認知があった場合や、被相続人の死亡時に胎児であった者が生まれた場合、一覧図の写しが交付された後に廃除があった場合など、被相続人の死亡時点に遡って相続人の範囲が変わるようなときは、当初の申出人は、再度、法定相続情報一覧図の保管等申出をすることができる。

POINT!

・協議分割は、相続人全員の参加と同意が必要。

・相続が開始すると被相続人の財産は相続人の共有となり、その後遺産の分割が行われて共有状態が解消される。

・調停分割までの段階は法定相続分に拘束されないが、審判分割以降の段階は法定相続分に拘束される。

5 代償分割

１ 意　義

　代償分割とは、共同相続人または包括受遺者のうちの１人または数人が相続または遺贈により遺産を現物で取得し、その現物を取得した者が、他の共同相続人または包括受遺者に対して債務を負う方法をいう。事業用財産などの分割しづらい財産がある場合に適用されることが多い。

２ 代償分割が行われた場合の相続税の課税価格

（1）代償財産の交付をした者

> 相続等により取得した現物の財産の価額 － 代償債務の額

（2）代償財産の交付を受けた者

① 　代償債務の額

② 　代償分割の対象となった財産が特定され、かつ、その財産の代償分割のときにおける通常の取引価額を基として代償債務の額が決定されている場合には次の算式により計算した金額を代償債務の額とする。

$$代償債務の額 \times \frac{代償分割の対象となった財産の相続税評価額}{代償分割の対象となった財産の時価}$$

（注1）　一度相続をした後で他の相続人に現金を渡した場合は贈与となり、また、売却した場合は譲渡となるため、それぞれ贈与税・所得税が課せられる。

（注2）　代償分割の代償として現金などでなく、相続人が従来から所有していた土地などを交付した場合は譲渡したことになり所得税が課せられる（その交付した資産をその交付時の価額により譲渡したものとする）。

POINT!

・相続人が代償分割により他の相続人から取得した代償財産は、相続税の課税対象である。

・代償分割で不動産を代償財産として交付した者は譲渡所得の課税対象となる。

6 遺　言

1 遺言の意義および特色

① 遺言は満15歳以上であれば未成年者でも行うことができる。

　未成年者は、法定代理人の同意なく、遺言できる。

② 制限行為能力者でも意思能力があれば遺言できる。

　成年被後見人でも本心に復したときであれば、医師2人以上の立会いを条件に、また被保佐人および被補助人については何らの条件なく（保佐人および補助人の同意なく）、それぞれ遺言できる。

③ 遺言は相手方のない単独行為である。

④ 遺言は代理に親しまない。

⑤ 遺言行為は法定されている。

⑥ 遺言は遺言者の死亡により効力が生じる。

⑦ 遺言は被相続人の意思を明確にするため、**一定の方式を具備しなければならない**。

⑧ 遺言の撤回は自由である。

　遺言者は、いつでも遺言の方式に従って、その遺言の全部または一部を取り消すことができる。

　また、前の遺言と後の遺言とが抵触するときは、前の遺言を後の遺言で取り消したものとみなされる。

⑨ 共同遺言は遺言の性質上、無効となる。

2 遺言の範囲

　何を遺言するかは遺言する人の自由であるが、遺言できる行為は法律で定められているので、次の法定行為以外の行為は遺言しても法律上効力はない。

身分に関する事項	認知
	後見人・後見監督人の指定
相続に関する事項	相続人の廃除とその取消し
	相続分の指定・指定の委託
	遺産分割方法の指定・指定の委託
	遺産分割の禁止
	相続人担保責任の指定
	遺言執行者の指定・指定の委託
	遺留分減殺方法の指定
財産の処分に関する事項	遺贈・寄付行為
	信託の設定

3 普通方式の遺言の種類と特徴

種　類	公正証書遺言	自筆証書遺言	秘密証書遺言
作成方法	本人が口述し、公証人が筆記して遺言者および証人に読み聞かせる。	本人が遺言の全文・日付（年月日）・氏名等を書き押印（認印可）する。 ・一部（財産目録）パソコンでの作成が可 ・加除訂正の方法は民法で厳格に定められている	本人が遺言書に署名押印の後、遺言書を封じ、同じ印で封印する。公証人の前で本人が住所氏名を申述する。公証人が日付などを書く。 ・パソコンでの作成、代筆可
場　所	公証役場	自　由	公証役場
証　人※1	証人2人以上	不　要	証人2人以上
署名押印	本人、公証人、証人	本　人	本人、公証人、証人
家庭裁判所の検認	不　要	必　要※2	必　要
長　所	・公証人が作成するから安全確実 ・原本を公証人が保管するから紛失や改ざんの心配がない ・検認不要	・作成が簡単 ・遺言した事実も内容も秘密にできる ・費用もかからない	・遺言の存在は明確にして、内容は秘密にできる ・改ざんの心配なし
短　所	・手続が煩雑 ・遺言の存在と内容を秘密にできない ・費用がかかる ・証人が必要	・紛失や改ざんの心配がある ・方式が不備だったり、内容が不完全なことがある ・検認必要	・手続がやや面倒 ・内容が秘密なので紛争が起きることがある ・証人および検認必要

※1　次の者は証人になることができない
　　　未成年者、推定相続人・受遺者およびその配偶者ならびに直系血族、公証人の4親等内の親族等
※2　自筆証書遺言に係る法務局での保管制度創設により、法務局で遺言書を保管する場合、検認手続不要。

4 遺言の取り消し（撤回）・変更

　遺言は、遺言者（被相続人）の最終意思を尊重する制度であるから、遺言者がいったん遺言書を作っても、撤回したければ自由にいつでも、その全部または一部を撤回することができる。
　遺言を撤回する場合、先に作成した遺言と同じ方式である必要はない。公正証書による遺言を後で自筆証書遺言または秘密証書遺言で撤回してもよい。

■撤回とみなされる行為

(a) 前の遺言が後の遺言に抵触する部分は後の遺言により撤回したものとみなされる。

(b) 遺言者が、遺言した後に、その内容と抵触する生前処分その他の法律行為をした場合は、抵触した部分は撤回したものとみなされる。

(c) 遺言者が故意に遺言書を破棄したときは、その破棄した部分については、撤回したものとみなされる。なお、公正証書遺言の場合は原本が公証人役場に保管されているから、遺言者が正本を破棄しても撤回の効力は生じない。

(d) 遺言者が遺贈の目的物を故意に破棄したときは、その目的物については、遺言を撤回したものとみなされる。

5 遺言書の保管と検認手続

(1) 遺言書の保管

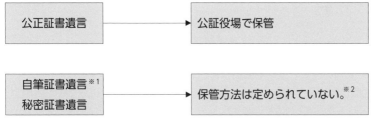

※1 遺言書の保管申請は、遺言者の住所地もしくは本籍地または遺言者が所有する不動産の所在地を管轄する法務局で行う。また、遺言書の保管申請の際に本人確認を要するため、保管申請を本人以外の者は申請できない。保管されている遺言書の内容を変更したい場合等には保管の申請を撤回することとなるが、この撤回は、遺言書が保管されている遺言書保管所に遺言者本人が出頭して行う必要がある。なお、保管の申請の撤回は、遺言の効力に影響がない。

※2 火災や盗難などに耐えうる場所（銀行貸金庫など）に保管し、遺言書の保管場所を明示しておくことが必要である。信用のある友人や弁護士などに保管を依頼する方法もある。

（注）遺言書を相続人または受遺者が破棄したり、隠匿、変造するなどをした場合には相続欠格または受遺欠格となり相続権が失われる。

(2) 遺言書の開封

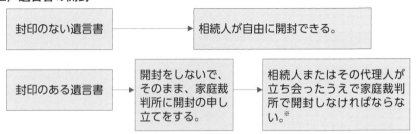

※　この開封手続は、遺言の公正な執行を確保するための措置であり、家庭裁判所以外で勝手に開封しても、遺言の効力に影響はない。なお、家庭裁判所以外で開封した者は5万円以下の過料に処せられる。

(3) 遺言書の検認

　公正証書遺言以外の遺言については、遺言書の偽造、変造を防ぐため、遺言の執行に入る前に遅滞なく家庭裁判所の検認を受けなければならない。

　① 検認とは

　　遺言書の検認とは、その遺言書がどのように作成されているかを記録し、検認調書を作成する一種の検証手続のことであり、検認を受けることと遺言書の有効・無効の判定とは全く関係がない。

　(注) 検認がなくても遺言の効力に影響はないが、検認を受けないで遺言を実行した場合には5万円以下の過料に処せられる。

　② 検認申立

　　検認申立は、遺言の保管者（保管者がいない場合で、相続人が遺言書を発見したときには、その相続人）が被相続人の相続開始時の住所地の家庭裁判所にしなければならない。

---

6 遺言の執行

　遺言の効力発生後に、その内容を実現するための手続を行うことを遺言の執行といい、遺言の内容を執行する者を遺言執行者という。

(1) 遺言執行者

原　　　　　則	遺言で指定（または第三者に委託）
遺言で指定された者がいないときや指定された者が承諾しなかったときなど	利害関係人の請求により家庭裁判所が選任

　相続人は遺言執行者になることができるが、未成年者および破産者はなることができない。家庭裁判所の選任手続では職務の適格性から弁護士が選任されることが多い。
　最近では、遺言信託を受けた信託銀行が遺言執行者になる場合もある。

(2) 遺言執行者の具体的な業務

① 相続財産の財産目録の作成

② 相続財産の管理（債権回収その他）

③ その他遺言の執行に必要な一切の行為（例えば所有権移転登記をすること、訴訟の当事者となること）である。

（注）遺言執行者でないとできない行為

(a) 身分上の遺言事項……認知

(b) 相続に関する遺言……推定相続人の廃除・取消

7 遺産分割前の払戻し制度

　各共同相続人は、遺産に属する預貯金債権のうち、各口座において以下の計算式で求められる額（同一の金融機関に対する権利行使は、法務省令で定める額（150万円）を限度とする）までについては、他の共同相続人の同意がなくても単独で払戻しをすることができる。

■計算式

$$単独で払戻しをする \atop ことができる額 = 相続開始時の \atop 預貯金債権の額 \times \frac{1}{3} \times 当該払戻しを求める \atop 共同相続人の法定相続分$$

■設例

　次の場合における配偶者Aの遺産分割前に単独で払戻しを請求することができる預貯金債権の上限額を求めなさい。

(1) 被相続人の親族関係図

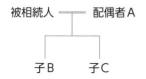

被相続人 ―― 配偶者A

子B　　子C

(2) 被相続人の相続開始時の預貯金債権の額

X銀行：普通預金300万円、定期預金1,200万円

Y銀行：普通預金600万円

※　定期預金は満期が到来しているものとする。

【解　答】

X銀行：$(300万円 + 1,200万円) \times \frac{1}{3} \times \frac{1}{2} = 250万円$　∴　150万円（上限）

Y銀行：$600万円 \times \frac{1}{3} \times \frac{1}{2} = 100万円$

∴　配偶者Aの預貯金債権の上限額 = 150万円 + 100万円 = 250万円

8 配偶者の居住権

(1) 配偶者短期居住権

①　相続開始時において、被相続人の配偶者は、被相続人の財産に属した建物に相続開始の時に居住していた場合、遺産分割によりその建物の帰属が確定した日、または相続開始時から6カ月を経過する日のいずれか遅い日までの間、配偶者は引き続き無償でその建物を使用することができる。

②　相続開始時において、被相続人の配偶者は、被相続人の財産に属した建物に相続開始の時に居住していた場合、居住建物の所有権を取得した者は、いつでも配偶者に対し配偶者短期居住権の消滅の申入れをすることができる。ただし、その申入れを受けた日から6カ月を経過するまでの間、配偶者は引き続き無償でその建物を使用することができる。

(2) 配偶者居住権

　相続開始時において、被相続人の配偶者は、被相続人の財産に属した建物に相続開始の時に居住していた場合、次のいずれかに該当するときは、配偶者はその居住していた建物の全部について無償で使用および収益する権利（配偶者居住権）を取得する。配偶者居住権の存続期間は、原則として、配偶者の終身の間である。ただし、遺産分割協議、遺言または家庭裁判所の遺産分割の審判において別段の定めがされた場合は、その定めた期間となる。なお、居住建物の所有者は、配偶者居住権の設定の登記を備えさせる義務を負う。

①　遺産分割により配偶者居住権を取得したとき

②　配偶者居住権が遺贈の目的とされたとき

POINT!

・公正証書遺言、自筆証書遺言および秘密証書遺言のそれぞれの特徴をおさえることが重要。

・遺言の撤回は自由にでき、先に作成した遺言と同じ方式である必要はない。

・配偶者居住権は、相続発生時に自宅に住んでいた配偶者だけに認められる。

・配偶者居住権には登記が必要。

7 遺　贈

1 遺贈の意義

遺贈とは、遺言による財産的利益の無償の譲渡をいう。したがって、死亡した人の意思に基づく財産の無償移転であるといえる。遺贈においては、遺贈により財産を与える者を遺贈者といい、財産を受け取る者を受遺者という。

なお、誰に財産を遺贈するかは、遺贈者が自分の意思で決めることができるので、相続人以外の者でも法人でも遺贈により財産を取得することができる。ただし、相続欠格者は遺贈を受けることができない。

2 包括遺贈と特定遺贈

遺贈には、包括遺贈と特定遺贈の2種類がある。

（1）包括遺贈

包括遺贈とは、遺言により示された割合に基づいて、受遺者が包括的に権利義務を承継する遺贈である。包括遺贈を受ける者を包括受遺者といい、権利義務を包括的に承継する点において相続人と外観上同一であるため、相続人と同一の権利義務を有することとされている。

（2）特定遺贈

特定遺贈とは、遺言により遺産中の特定の財産を指定して、その財産のみを承継させる遺贈である。

例えば、この土地、この株式というように、具体的な不動産、動産、債券等を遺言によって遺贈する場合などがある。

3 遺言の効力発生の時期

遺言は、遺言者の死亡のときからその効力を生ずる。

4 遺贈の放棄

特定遺贈は遺言者の死亡後いつでも放棄することができる。特定遺贈の放棄があった場合には、受遺者が受けるべきものだったものは、相続人に帰属する。

（注）包括受遺者が遺贈の放棄をする場合は相続人と同様の手続が必要である。包括受遺者が遺贈の放棄をする場合は、相続の開始があったことを知った日から3カ月以内に家庭裁判所に申立てを行わなければならない。

5 受遺者が死亡したとき

受遺者が遺贈の承認または放棄をしないで死亡したときは、死亡した者の相続人は、自己の相続権の範囲内で、承認または放棄をすることができる。

6 遺言の効力発生以前の受遺者の死亡

遺贈は遺言者の死亡以前に受遺者が死亡したときは、その効力を生じない。

7 死因贈与の取扱い

贈与者の死亡を条件として、贈与者の死亡により効力を生ずる贈与を、死因贈与といい、贈与者が「自分が死んだら、この土地をAに与える。」という形態でなす贈与である。

死因贈与は、死亡によりその効力が生じ、財産の移転が起こることが外観上遺贈に似ているため、民法上も、相続税法上も、遺贈と同様に取り扱われ、相続税が課税される。

POINT!

・死因贈与は相続税の課税対象である。
・特定遺贈は債務を承継しないが、包括遺贈は遺言に示された割合に応じて債務を承継する。

8 遺留分

遺留分とは、一定の相続人に認められている最低限取得できる財産の割合である。

1 遺留分権利者

遺留分権利者は兄弟姉妹以外の相続人（配偶者、被相続人の子およびその代襲相続人ならびに直系尊属）である。

2 遺留分の割合

（1）総体的遺留分

① 直系尊属のみが相続人である場合 …… 3分の1
② ①以外の場合 ……………………………… 2分の1

(a) 相続人が配偶者のみである場合
(b) 相続人が配偶者と被相続人の子およびその代襲相続人である場合
(c) 相続人が被相続人の子およびその代襲相続人のみである場合
(d) 相続人が配偶者および直系尊属である場合
(e) 相続人が配偶者と兄弟姉妹である場合の配偶者

（2）各人ごとの遺留分

■設例

次の場合における各相続人の遺留分を求めなさい。

被相続人 ─┬─ 長男A
          │
          ├─ 二男B
配偶者 ─┘
          └─ 三男C

【解 答】

配偶者：$\dfrac{1}{2}$（遺留分）$\times \dfrac{1}{2}$（法定相続分）$= \dfrac{1}{4}$

A、B、C：各$\dfrac{1}{2}$（遺留分）$\times \dfrac{1}{2} \times \dfrac{1}{3}$（法定相続分）$= \dfrac{1}{12}$

3 遺留分算定の基礎となる財産

遺留分は、遺留分の算定の基礎となる財産に遺留分の割合を乗じて計算する。遺留分の算定の基礎となる財産は次のように計算する。

$$\text{遺留分算定の}\atop\text{基礎となる財産} = \text{相続開始時に有}\atop\text{した財産の価額} + \text{贈与財産の価額}^{※} - \text{債務の額}$$

※　贈与財産の価額
① 　相続人以外の者に対する相続開始前1年間の贈与財産
② 　相続人に対する相続開始前10年（原則）以内のもので、特別受益に該当するもの

4 遺留分侵害額請求権

遺言による相続分の指定ならびに遺贈または生前の贈与によって遺留分が侵害された場合でも、その遺言が無効になるわけではない。遺留分を侵害された遺留分権利者は、遺留分侵害額に相当する金銭の支払いのみを請求することができる。これを遺留分侵害額請求権という。

遺留分侵害額請求は、家庭裁判所に請求する必要はなく、遺留分を侵害する者に対して遺留分侵害額請求の意思表示をすればよい（通常は内容証明郵便で行う）。

5 遺留分侵害額請求権の消滅

遺留分侵害額請求権は、遺留分権利者が相続の開始および遺留分を侵害する贈与または遺贈のあったことを知ったときから1年間、または相続の開始のときから10年間に限りその行使が認められ、それを経過すると時効により消滅する。

6 遺留分の放棄

遺留分の放棄は、相続開始の前でも後でも行うことができる。相続開始前に遺留分の放棄をするためには家庭裁判所に申し立てて許可を受ける必要があるが、相続開始後であれば特に手続は必要なく、他の共同相続人に遺留分の放棄の意思表示をすればよい。

遺留分を放棄した者は、相続に関する権利のうち、遺留分に関する権利を放棄するだけであって相続人としての地位まで失うわけではない。したがって、相続人として財産を取得することができる。

POINT!

・兄弟姉妹には遺留分はない。
・直系尊属だけの遺留分の割合は3分の1、その他の場合は2分の1。
・遺留分の放棄があっても相続の放棄をしたことにはならない。

9 「中小企業における経営の承継の円滑化に関する法律」に伴う民法の特例

民法上の遺留分の制約は、中小企業の経営承継を図るうえでの課題とされる。「中小企業経営承継円滑化法」では、中小企業の経営承継が円滑に行われるように、遺留分の特例を設けている。

1 制度の概要

先代経営者から後継者に対し会社の株式を生前に贈与すると、他の遺留分権利者の遺留分を侵害することも考えられる。後継者は、他の共同相続人から遺留分侵害額請求をされると会社の株式が後継者以外の者に分散し、経営権を握れなくなるなど経営承継が円滑に行われなくなる。

そこで、「中小企業経営承継円滑化法」では、後継者を含む推定相続人全員の合意により、贈与株式を遺留分算定の基礎となる財産から除外できる、または贈与株式の評価額をあらかじめ固定できるなどの特例を設けている。

2 特例合意

特例合意には、次のような方法がある。なお、(1)と(2)は併用することができる。

(1) 除外合意

先代経営者の生前に、経済産業大臣の確認を受けた後継者が、遺留分権利者全員との合意内容について家庭裁判所の許可を受けることで、先代経営者から後継者へ贈与された株式について、遺留分算定の基礎財産から除外することができる。除外合意により、贈与株式は遺留分侵害額請求の対象とならない。

(2) 固定合意

先代経営者の生前に、経済産業大臣の確認を受けた後継者が、遺留分権利者全員との合意内容について家庭裁判所の許可を受けることで、遺留分の算定に際して、贈与された株式の価額を合意時の評価額であらかじめ固定することができる。株式の評価額については、弁護士、公認会計士、税理士によるその価額が相当である旨の証明が必要である。

固定合意により、生前贈与を受けた後に後継者の貢献により株式の評価額が上昇した場合でも、遺留分の算定に際して株式が相続開始時の評価額で計算されることなく、後継者以外の遺留分の額が増大することを防ぐことができる。

(3) 付随合意

　除外合意および固定合意と同様の手続により、次の財産を、遺留分算定の基礎財産から除外することができる。

① 後継者が贈与を受けた、株式以外の財産
② 後継者以外の者が贈与により取得した財産

　付随合意は単独で行うことはできず、除外合意または固定合意と併せて行うものである。

3 手　続

　特例合意を受けるための手続は次のとおりである。

① 後継者を含む推定相続人全員の書面による合意が必要である。
② 合意後1カ月以内に経済産業大臣の確認を受けるための申請をする。
③ 経済産業大臣の確認後、家庭裁判所の許可を受けるための申立てをする。
④ 家庭裁判所の許可を受けて合意の効力が発生する。

POINT!

除外合意と固定合意は併用することができる。

10 成年後見制度

成年後見制度には、法定後見制度と任意後見制度の2つの制度がある。

1 法定後見制度

法定後見制度は「後見」「保佐」「補助」の3つの制度に分かれており、判断能力の程度に応じて選択できるようになっている。

		後 見	保 佐	補 助
要件	対象者 (判断能力)	精神上の障害（認知症・知的障害・精神障害等）により事理を弁識する能力を欠く常況にある者	精神上の障害により事理を弁識する能力が著しく不十分な者	精神上の障害により事理を弁識する能力が不十分な者
開始の手続	申立権者	本人、配偶者、4親等内の親族、検察官等、市町村長、任意後見受任者、任意後見人、任意後見監督人		
	本人の同意	不 要	不 要※2	必 要
同意権・取消権	付与の対象	日常生活に関する行為以外の行為※1	民法13条1項各号所定の行為	申し立ての範囲内で家庭裁判所が定める「特定の法律行為」
	付与の手続	後見開始の審判	保佐開始の審判	補助開始の審判 ＋同意権付与の審判 ＋本人の同意
	取消権者	本人・成年後見人	本人・保佐人	本人・補助人
代理権	付与の対象	財産に関するすべての法律行為	申し立ての範囲内で家庭裁判所が定める「特定の法律行為」	同 左

※1 成年後見人に同意権はない。

※2 保佐開始の申し立てと同時に保佐人に代理権を付与する審判の申し立ては、本人の同意が必要。

2 任意後見制度

任意後見制度とは、本人が健常なうちに、将来判断能力が低下した時に備えて事前に契約によって後見人を決めておくという制度である。

① 任意後見契約は公正証書により締結する。

② 本人の判断能力が低下したときに任意後見人等が家庭裁判所に対して任意後見監督人の選任を請求し、同監督人が選任された時点から任意後見契約の効力が生じる。

③ 任意後見契約は、本人選任の任意後見人に対し、精神上の障害になった場合、自己の生活、療養看護および財産の管理に関する事務の全部または一部について代理

権を付与する委任契約である。任意後見人に同意権や取消権はない。

■法定後見制度と任意後見制度の比較

	法定後見	任意後見
どのような人が利用できる？	判断能力がなくなった人	判断能力がある人
後見人はどのように決まる？	裁判所が選任（希望を伝えることはできる）	自分の意思で選ぶ
後見人になれるのはどのような人？	家族及び親族の他、弁護士・司法書士・社会福祉士等の専門家や、法人もなることができる	
申立てができる人は？	本人・配偶者・四親等内の親族・市町村長など	本人・配偶者・四親等内の親族、任意後見受任者
後見人の仕事は？	法律によって決まる	任意後見契約で決めるため、自分の希望を反映できる
後見人への報酬は？	裁判所の審判によって報酬が決まる	任意後見契約によって自由に決められる
後見人を監督する人は？	裁判所が必要だと判断した場合は監督人が選任される	裁判所によって必ず監督人が選任される
本人が行った法律行為を取り消すことができるか？	原則、取り消せる	取り消せない

3 成年後見登記制度

　法定後見制度における成年後見人等の権限の範囲や任意後見契約の内容は、東京法務局において登記され、本人や成年後見人等などの限られた者からの請求に基づいて、「登記事項証明書」が発行されて登記情報が開示される。

　法定後見制度では、後見・保佐・補助開始の審判がされたときに、家庭裁判所の嘱託によって登記される。任意後見制度では、任意後見契約の公正証書が作成されたときに、公証人の嘱託により登記される。

POINT!

・法定後見、任意後見制度ともに後見人として法人を選任することができる。
・任意後見制度は必ず公正証書により契約を行い後見が開始すると任意後見監督人が必ず選任される。
・後見事項は登記される。

チェックテスト

(1) 被相続人の配偶者の連れ子は、被相続人と養子縁組しない限り相続人になれない。

(2) 代襲相続人は、被代襲者が承継すべきであった相続分を承継する。

(3) 遺言で指定された相続分が法定相続分と異なる場合、法定相続分が優先される。

(4) 限定承認した場合には、相続によって得た財産を限度として被相続人の債務を負担することになる。

(5) 被相続人の生前であっても「相続を放棄」する旨を他の相続人全員に約束しておけば被相続人の死亡後、改めて相続放棄の手続をする必要はない。

(6) 相続が開始すると被相続人の財産は共同相続人全員の共有となり、その後遺産の分割が行われることになる。

(7) 遺言には配偶者と共同してする共同遺言が認められている。

(8) 相続人が配偶者と被相続人の兄の場合、配偶者の遺留分は遺産総額の8分の3である。

(9) 法定相続人が配偶者と子3人の合計4人である場合、子の遺留分は各12分の1である。

(10) 法定後見制度と任意後見制度のいずれにおいても、後見人等は公正証書により代理権を付与される。

(11) 配偶者短期居住権は、遺産分割により対象となる建物の帰属が確定した日または相続開始の時から6カ月を経過する日のいずれか遅い日までの間、当該建物を無償で使用することができる権利である。

解答

(1) ○	(2) ○	(3) ×	(4) ○	(5) ×	
(6) ○	(7) ×	(8) ×	(9) ○	(10) ×	(11) ○

第2章

相続税の課税価格と納付すべき税額

過去の出題状況	2022.5	2022.9	2023.1	2023.5	2023.9	2024.1
納税義務者と課税財産の範囲						
生命保険金	☆	☆	☆	☆	☆	
退職手当金						☆
債務控除			☆			☆
相続税額の2割加算		☆				
相続税の税額控除		☆		☆	☆	
相続税の基礎控除額	☆	☆		☆	☆	

1．納税義務者と課税財産の範囲
　納税義務者

2．各人の相続税の課税価格の計算
　生命保険金・退職手当金の非課税
　法定相続人の数の取扱い
　債務控除
　生前贈与財産の加算

3．各人の納付すべき相続税額

4．相続税額の2割加算

5．各種税額控除

1 納税義務者と課税財産の範囲

1 納税義務者

　相続または遺贈もしくは贈与により財産を取得した者は、相続税または贈与税を納める義務がある。相続税または贈与税の納税義務者は、財産を取得した時において、日本国内に住所を有するか否か、また、日本国籍があるか否か等により区分され、それぞれの納税義務者の区分に応じ、課税財産の範囲も異なる。

2 納税義務者の区分と課税財産の範囲

　相続税の納税義務者の区分と課税財産の範囲は次のとおりである。なお、贈与税の納税義務者の区分と課税財産の範囲も相続税と同様である。

区分（相続税のかかる人）		課税財産の範囲
居住無制限納税義務者	財産を取得したときに日本国内に住所を有する者 （その人が一時居住者である場合は、被相続人が外国人被相続人または非居住被相続人である場合を除く）	国内財産・国外財産すべてに課税
非居住無制限納税義務者	1．財産を取得した時に日本国内に住所を有しないで、日本国籍を有している者 （イ）相続の開始前10年以内に日本に住所を有していたことがある者 （ロ）相続の開始前10年以内に日本に住所を有していたことがない者（被相続人が外国人被相続人または非居住被相続人である場合を除く）	国内財産・国外財産すべてに課税
	2．財産を取得した時に日本国内に住所を有しないで、日本国籍を有していない者 （被相続人が外国人被相続人、非居住被相続人または非居住外国人である場合を除く）	国内財産・国外財産すべてに課税[※1]
制限納税義務者	上記以外	国内財産のみに課税

　※1　日本に10年超の期間住所を有していた外国人から相続または贈与により取得した国外財産については、相続税または贈与税が課税されない。
　（注）　就労等のために、日本に居住する外国人（一定の在留資格）が死亡した際、その居住期間にかかわらず、外国に居住する家族等が相続により取得する国外財産については相続税の課税対象外になる（贈与税についても同様）。

（注）

① 「一時居住者」とは、相続開始の時に在留資格を有する者で、相続開始前15年以内に日本国内に住所を有していた期間の合計が10年以下の者

② 「外国人被相続人」とは、相続開始の時に在留資格を有し、かつ、日本国内に住所を有していた者

③ 「非居住被相続人」とは、相続開始の時に日本国内に住所を有していなかった被相続人で、（1）相続の開始前10年以内のいずれかの時において日本国内に住所を有していたことがある人のうち、そのいずれの時においても日本国籍を有していなかった者、または（2）相続開始前10年以内に日本国内に住所を有していたことがない者

④ 「非居住外国人」とは、相続または遺贈の時まで引き続き日本国内に住所を有しない者で日本国籍を有しない者

■財産の所在

財産の種類	所在地
動産、不動産、不動産の上に存する権利	動産または不動産の所在
金融機関に対する預貯金	受入れをした営業所または事業所の所在
保険金	契約に係る保険会社の本店または主たる事務所（法施行地に本店または主たる事務所がない場合において、法施行地にその保険の契約に係る事務を行う営業所等を有するときにあっては、その営業所等）の所在
退職手当金等	その支払者の住所または本店もしくは主たる事務所の所在
貸付金債権	債務者の住所または本店もしくは主たる事務所の所在
社債、株式、外国預託証券	社債、株式、外国預託証券の発行法人の本店または主たる事務所の所在
合同運用信託または証券投資信託に関する受益証券	信託の引受けをした営業所の所在
国債または地方債	法施行地
外国または外国の地方公共団体等が発行する公債	外国
営業所または事業所を有する者のその営業所または事業所に係る営業上または事業上の権利	その営業所または事業所の所在
上記以外の財産	その財産の権利者であった被相続人または贈与者の住所

POINT!

制限納税義務者以外は全世界に所在する相続財産に対して相続税が課される。

2 各人の相続税の課税価格の計算 (第一段階)

1 計算の流れ

本来の相続遺贈財産の額	+	みなし相続遺贈財産の額	−	非課税財産の価額	−	債務控除額	+	生前贈与財産の加算額	=	各人の相続税の課税価格

2 本来の財産

　相続税は原則として、死亡した人の財産を相続や遺贈（死因贈与を含む）によって取得した場合に、その取得した財産に課税される。この場合の財産とは、現金、預貯金、有価証券、宝石、土地、家屋などのほか貸付金、特許権、著作権など金銭に見積もることができる経済的価値のあるすべてのものをいう。

3 みなし相続財産

　相続または遺贈により取得した財産ではなくても、相続または遺贈により取得したものと同様の経済的効果のあるものは、みなし相続財産として相続税が課税される。
　みなし相続財産には次のようなものがある。
① 　生命保険金等
　　被相続人の死亡により取得する生命保険金等で被相続人が負担した保険料に係る部分の金額
② 　退職手当金等
　　被相続人の死亡により受け取る退職手当金、功労金等で被相続人の死亡後3年以内に支給が確定したもの
③ 　生命保険契約に関する権利
④ 　定期金に関する権利

4 相続税の非課税財産

　次の財産には相続税が課税されない。
① 　墓地、霊廟、仏壇、仏具など日常礼拝尊崇の対象となるもの
② 　相続人が受け取った生命保険金などのうち一定の金額
③ 　相続人が受け取った死亡退職手当金などのうち一定の金額
④ 　相続財産等を申告期限内に国等に寄附した場合のその寄附した財産
⑤ 　相続財産のうち金銭を申告期限内に特定の公益信託に支出した場合のその金銭等

POINT!

相続税（第一、第二、第三段階まで）の計算の流れをしっかりおさえる。

3 生命保険契約に関する権利

■1 相続または遺贈により取得したものとみなされる場合

（1）課税対象となる生命保険契約

課税対象となるのは次の4つの要件のすべてを満たす生命保険契約である。

① 相続開始時において、保険事故が未発生であること。

② 保険事故が発生しなかった場合に返還金等の支払いがあるものであること（＝掛捨保険契約を除く）。

③ 被相続人が保険料の全部または一部を負担していること。

④ 被相続人以外の者が契約者であること。

（2）課税対象者

生命保険契約の契約者

（3）課税金額

相続開始の時において、その契約を解約するとした場合に支払われることになる解約返戻金の額によって評価する。

■2 本来の相続財産となる生命保険契約に関する権利

保険契約者	財産の種類	ポ イ ン ト
被　相　続　人	本来の相続財産	分割協議の対象となる財産
被相続人以外の者	みなし相続遺贈財産	常に保険契約者に対して課税

POINT!

生命保険契約に関する権利の課税対象者は契約者で、解約返戻金の額により評価する。

4 生命保険金の非課税金額

1 非課税の対象者

相続人。したがって、相続放棄した者、欠格や廃除に該当する者は非課税の適用をを受けられない。

2 非課税限度額の計算

$$500万円 \times 法定相続人の数$$

■各相続人の非課税金額の計算

① 全相続人が受け取った生命保険金の合計が非課税限度額以下のとき

相続人が取得した死亡保険金の全額（剰余金等含む）

② 全相続人が受け取った生命保険金の合計が非課税限度額を超えるとき

$$死亡保険金の非課税限度額 \times \frac{その相続人が取得した死亡保険金の合計額}{全相続人が取得した死亡保険金の合計額}$$

3 契約者貸付金がある場合

（1）保険金受取人の課税対象となる保険金

契約上の保険金額 − 契約者貸付金の額

（2）保険契約者（被相続人以外）の課税対象となる保険金

契約者貸付金の額

（注）被相続人が契約者の場合には、保険金も債務も生じなかったものとみなす。

POINT!

・死亡保険金の契約形態別の課税関係を整理しておく。
・相続を放棄した者でも、みなし相続遺贈財産を受け取ることはできるが、非課税の適用は受けられない。

5 死亡退職金の非課税金額

1 非課税の対象者

相続人。したがって、相続放棄した者、欠格や廃除に該当する者は非課税の適用を受けられない。

2 非課税限度額の計算

$$500万円 × 法定相続人の数$$

（注）生命保険金の非課税限度額の計算と同じである。

3 各相続人の非課税金額の計算

① 全相続人が受け取った死亡退職金の合計が非課税限度額以下のとき

$$相続人が取得した死亡退職金の全額$$

② 全相続人が受け取った死亡退職金の合計が非課税限度額を超えるとき

$$死亡退職金の非課税限度額 × \frac{その相続人が取得した死亡退職金の合計額}{全相続人が取得した死亡退職金の合計額}$$

（注）①②ともに死亡保険金と同じである。

4 死亡退職金の範囲

被相続人の死亡後3年以内に支給が確定したものに限る。

5 弔慰金等

被相続人の死亡により相続人等が受け取る死亡退職金以外の弔慰金等については、以下の金額の範囲内については相続税の課税対象とならない。

業務上の死亡	賞与を除く普通給与の3年分
業務上以外の死亡	賞与を除く普通給与の半年分

POINT!

弔慰金の非課税枠を超えた部分は死亡退職金として取り扱う。

6 民法上の区別

1 法定相続人の数の取扱い

（1）取扱い

相続税の計算上、「生命保険金・退職手当金の非課税限度額の計算」「遺産に係る基礎控除額の計算」「相続税の総額の計算における法定相続人の数に応じた法定相続分」における法定相続人の数とは、下記のとおりである。

相続を放棄した者がいる場合	その放棄がなかったものとした場合の相続人の数
被相続人に養子がいる場合の養子の数の制限	実子がいる場合→養子のうち1人まで 実子がいない場合→養子のうち2人まで 上記を法定相続人の数に含める

（2）養子の数の制限を受けない養子

以下の養子は実子とみなすため、養子の数の制限を受けない。

① 代襲相続人である養子

② 特別養子縁組による特別養子

特別養子縁組とは、養子と実父母およびその血族との関係が終了する養子縁組のことで、普通養子と異なり実父母の相続権を失うこととなる。

原則として15歳未満のための制度である。

③ 配偶者の実子で被相続人の養子となった者

いわゆる連れ子養子

POINT!

法定相続人の数には、相続を放棄した者を含む。また養子の数に制限があり、実子がいる場合は1人、実子がいない場合は2人までとなる。

7 債務控除

1 控除できる債務

　相続はプラスの財産だけでなく、原則として借金などのマイナスの財産も承継する。債務を承継した場合には、取得した財産から債務の金額を控除した正味財産に対して相続税が課税される。

　控除できるのは、被相続人の債務で相続開始の際現に存するもの（公租公課を含む）で、確実と認められるものに限られる。葬式費用は、被相続人の債務ではないが、葬式費用は必ず発生するものであるため、債務控除が認められる。

2 適用対象者

　債務控除の適用対象者は、相続人および包括受遺者である。したがって、相続を放棄した者は債務控除の適用がない。ただし、相続を放棄した者が被相続人の葬式費用を現実に負担した場合には、その負担額は債務控除が認められる。

3 控除の対象となる債務および葬式費用

	控除できるもの	控除できないもの
債務	・住宅ローンなどの借入金 ・未払いの医療費 ・アパートの預り敷金 ・被相続人に係る未払いの所得税、住民税、固定資産税など※1	・非課税財産に係る債務（生前に購入した墓の未払い金など） ・遺言執行費用など、被相続人の死亡後に発生する費用 ・保証債務※2
葬式費用	・通夜、本葬式、仮葬式の費用 ・葬式に際して寺院等に対して支払う読経料、御布施、戒名料等 ・死体の捜索または運搬費用	・香典返戻費用 ・法会に要する費用（初七日や四十九日など） ・墓石や墓地の買入れ費用 ・遺体解剖費用

　※1　相続の開始があったことを知った日の翌日から4カ月以内に、相続人が行う被相続人に係る準確定申告により納付すべき所得税は債務控除の対象となる。

　　　住民税および固定資産税は、賦課期日（その年の1月1日）に納税義務が確定するため、相続開始時において納期限が未到来・未納付のものでも債務控除の対象となる。

　※2　保証債務は原則として債務控除の対象とならない。ただし、主たる債務者が弁済不能の状態にあるため、保証人がその債務を履行しなければならない場合で、かつ、主たる債務者に求償権を行使しても弁済を受ける見込みのない場合には債務控除の対象となる。

POINT!

債務控除の対象となる債務は、被相続人が相続開始時に負っていた債務で確実なものに限られる。

8 生前贈与加算

1 内　容

　相続または遺贈により財産を取得した者が相続開始前7年※以内に、被相続人から贈与によって財産を取得していた場合には、その贈与財産の価額を相続財産に加算する。

　経過措置により、加算期間は2027年1月以降段階的に延長され、2026年12月31日までに相続開始の場合、加算期間は改正前の3年である。最終的に加算期間が7年となるのは、2031年1月以降が対象となる。

※相続開始前に暦年課税贈与があった場合の相続財産に加算する生前贈与の期間を、3年から7年に延長する。延長した4年間（相続開始前3年超7年以内）に受けた贈与については、合計100万円まで相続財産に加算しない。

■設例

　2027年10月31日に相続が発生した場合、過去の贈与は3年10カ月分（2024年1月1日〜2027年10月31日）が相続財産への加算対象となる。

	2022年	2023年	2024年	2025年	2026年	2027年	2028年	2029年	2030年	2031年
従来			相続発生							
				相続発生						
					相続発生					
経過措置			3年10カ月			相続発生				
							相続発生			
								相続発生		
									相続発生	
完全移行					7年					相続発生

2 生前贈与加算の適用対象者

　被相続人から相続または遺贈により財産を取得した者に限られる。したがって、被相続人の相続開始前7年以内に贈与により財産を取得していても、相続または遺贈により財産を取得していなければ生前贈与加算の適用はない。

3 加算する価額

　贈与時の価額により加算する。贈与財産の価額が基礎控除額（110万円）以下であっても加算の対象となる。ただし、次の金額は生前贈与加算の適用を受けない。

① 贈与税の配偶者控除により、控除された部分の金額
② 直系尊属から住宅取得等資金の贈与を受けた場合の非課税の適用により、非課税とされた部分の金額

POINT!

生前贈与加算は、贈与時の価額により加算する。110万円以下の贈与財産も加算の対象となる。

9 各人の納付すべき相続税額

■1 相続税の総額の計算（第二段階）

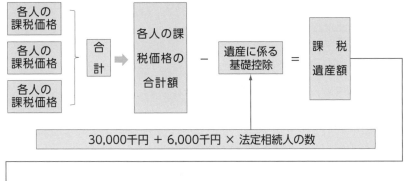

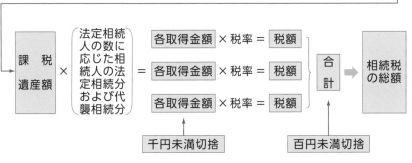

2 各人の納付すべき相続税額の計算（第三段階）

$$\boxed{\text{相続税の総額}} \times \boxed{\text{按分割合}} = \boxed{\text{算出相続税額}}$$

$$\boxed{\text{算出相続税額}} + \boxed{\text{相続税額の加算額}} = \boxed{\text{相続税額の加算適用後の算出相続税額}}$$

各人の相続税額の加算適用後の算出相続税額	−	税額控除額	① 贈与税額控除額	=	各人の納付すべき相続税額
			② 配偶者の税額軽減額		
			③ 未成年者控除額		
			④ 障害者控除額		
			⑤ 相次相続控除額		
			⑥ 外国税額控除額		（百円未満切捨）

3 相続税額の２割加算

　相続または遺贈により財産を取得した者が、被相続人の一親等の血族（代襲相続人を含む）および配偶者以外の者である場合には、その者の相続税額にその相続税額の100分の20に相当する金額が加算される。被相続人の養子は一親等の法定血族であることから、相続税額の２割加算の対象とはならない。ただし、被相続人の孫が養子となっている場合には、次のように取り扱われる。

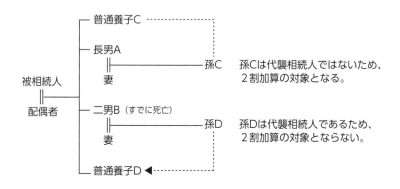

4 贈与税額控除

(1) 概　要

　相続または遺贈により財産を取得した者が、その相続開始前7年以内に被相続人から贈与により財産を取得している場合には、その贈与財産は生前贈与加算の適用により相続税の対象になる。しかし、財産の贈与があったときにすでに贈与税を納付している場合には、贈与税と相続税の二重課税となる。そこで二重課税を防ぐために、すでに納付した贈与税額を相続税額から控除することとしている。

(2) 控除額の計算

　次の算式により計算した贈与税額を相続税額から控除する。

$$\text{その年分の} \atop \text{贈与税額} \times \frac{\text{相続税の課税価格に加算された価格}}{\text{その年分の贈与税の課税価格}}$$

5 配偶者の税額軽減

(1) 適用対象者

　適用対象者は被相続人の配偶者である。配偶者は、婚姻の届出をした者に限られ、事実上婚姻関係と同様の事情にある者であっても婚姻の届出をしていないいわゆる内縁関係にある者は、配偶者には該当しない。配偶者が相続の放棄をした場合でも、遺贈により取得した財産があれば適用がある。

(2) 控除額の計算

　控除額は次の算式により計算する。ただし、仮装又は隠蔽された財産は含まない。

$$\text{相続税の} \atop \text{総額} \times \frac{\text{イ、ロのいずれか少ない金額}^{※}}{\text{課税価格の合計額}}$$

　※　イ　課税価格の合計額×配偶者の法定相続分（1億6千万円未満の場合は1億6千万円）
　　　ロ　配偶者の課税価格

(3) 未分割の場合

　相続税の申告期限までに、相続または遺贈により取得した財産の全部または一部が共同相続人または包括受遺者によってまだ分割されていない場合には、その分割されていない財産は配偶者の税額軽減の対象にならない。ただし、相続税の申告期限から3年以内に分割されたときは、配偶者の税額軽減の対象になる。

(4) 申告要件

　配偶者の税額軽減を受けるためには相続税の申告書を提出することが必要である。

たとえ、配偶者の税額軽減を受けたことにより納付すべき相続税額がゼロとなった場合でも、申告書を提出しなければならない。

6 未成年者控除

■適用対象者

適用対象者	相続または遺贈により財産を取得した無制限納税義務者等である法定相続人で18歳未満の者
控除額	満18歳に達するまでの年数※１年につき10万円

※　１年未満は１年に切上げ。

7 障害者控除

■適用対象者

適用対象者	相続または遺贈により財産を取得した居住無制限納税義務者等である法定相続人で障害者である者
控除額	満85歳に達するまでの年数※につき一般障害者は10万円、特別障害者は20万円

※　１年未満は１年に切上げ。

8 相次相続控除

（1）概要

　10年以内に２回以上相続が開始し、相続税が課税された場合には、前回の相続（第１次相続）において課税された相続税額のうち一定金額を、今回の相続（第２次相続）において課税される相続税額から控除する。

（2）適用対象者

　相次相続控除の適用対象者は、次の要件のすべてを満たす者である。
① 　第２次相続の相続人であること。したがって、相続の放棄をした者および相続権を失った者には適用されない。
② 　第２次相続の被相続人が、第１次相続において相続により財産を取得し、相続税が課税されていること。

（3）控除額の計算

控除額は次の算式により計算する。

$$\text{各相続人の相次相続控除額} = A \times \frac{C}{B-A}^{※} \times \frac{D}{C} \times \frac{10-E}{10}$$

A → 第2次相続の被相続人にかかった第1次相続時の相続税額

B → 第2次相続の被相続人が取得した第1次相続時の相続財産価額
（債務控除後の金額で生前贈与加算額を含まない）

C → 第2次相続によって相続人および受遺者の全員が取得した財産
価額の合計
（債務控除後の金額で生前贈与加算額を含まない）

D → 第2次相続によって相続人が取得した財産の価額
（債務控除後の金額で生前贈与加算額を含まない）

E → 第1次相続開始時から第2次相続開始時までの年数
（1年未満の端数は切捨て）

※ $\dfrac{C}{B-A}$ が $\dfrac{100}{100}$ 超のときは $\dfrac{100}{100}$ とする。

---

9 外国税額控除

（1）概　要

無制限納税義務者が相続または遺贈により取得した財産は、その所在がどこにあるかにかかわらず、すべての財産が相続税の課税対象となる。したがって、日本国外にある財産についてその地の法令により相続税等が課税された場合には、日本と外国で二重に相続税が課税されることになる。この二重課税を防ぐために、外国で課税された税額を相続税額から控除する。

（2）控除額の計算

$$\text{各種控除後の相続税額} \times \frac{\text{国外財産の価額}}{\text{その者の相続税の課税価格}}$$

POINT!

孫が被相続人の普通養子となっている場合、その孫が子の代襲相続人なら2割加算対象外、代襲相続人でないときは2割加算対象である。

10 相続税の各種規定の適用対象者一覧

規　定	適 用 対 象 者	ポ　イ　ン　ト
生命保険金等の非課税	相続人	非課税限度額の計算については法定相続人の数を用いる。
退職手当金等の非課税	相続人	非課税限度額の計算については法定相続人の数を用いる。
債務控除	相続人 包括受遺者	葬式費用については相続を放棄した者等についても適用できる。
生前贈与加算	相続または遺贈により財産を取得した者	相続人であるか否かは無関係。
贈与税額控除	生前贈与加算された財産につき課せられた贈与税がある者	相続税と贈与税の二重課税が生じている者に適用する。
相続税額の加算	次の(1)～(3)以外の者と孫養子（代襲相続人となった者を除く） (1)　一親等の血族 (2)　(1)の代襲相続人 (3)　配偶者	相続人であるか否かは基本的に無関係。 ただし、孫等については、代襲相続人であるか否かによって取扱いが異なる。
配偶者の税額軽減	配偶者	配偶者であれば、相続を放棄していても適用あり。
未成年者控除	(1)　次の①②のいずれかに該当する者 　①　居住無制限納税義務者 　②　非居住無制限納税義務者 (2)　法定相続人 (3)　18歳未満の者	法定相続人であり、相続人ではないことに注意。
障害者控除	(1)　居住無制限納税義務者に該当する者 (2)　法定相続人 (3)　障害者	法定相続人であり、相続人ではないことに注意。
相次相続控除	相続人	第2次相続の被相続人が第1次相続において相続人でなければならない。
相続税の外国税控除額	取得した国外財産につき、日本の相続税と所在国の相続税との二重課税が生じている者	居住無制限納税義務者と非居住無制限納税義務者に適用あり。

(1) 財産を取得したときにおいて日本国内に住所を有していないが、日本国籍があり、相続開始前10年以内に日本国内に住所を有していたことがある相続人について、その者が相続した国外の財産については、原則として相続税が課税されることはない。

(2) 死亡保険金のうち、保険金受取人自身が負担した保険料に対応する保険金は所得税が課税される。

(3) 被相続人に養子がいる場合における生命保険金の非課税限度額を算出する際に法定相続人の数に含める養子の数は、実子がいる場合は1人まで、実子がいない場合は2人までである。

(4) 弔慰金については全額非課税である。

(5) 被相続人の準確定申告により納付する所得税は相続開始後に発生したので債務控除の対象とならない。

(6) 火葬場までのタクシー代は債務控除できる。

(7) 相続放棄者が負担した葬式費用は債務控除できない。

(8) 弁護士に支払った遺言執行費用は債務控除できない。

(9) 生前贈与加算の対象となる贈与は、婚姻・養子縁組・生計の資本としての贈与に限定されている。

(10) 生前贈与加算は相続開始前7年以内に被相続人から贈与を受けたすべての者について、たとえその者が被相続人から相続または遺贈により財産を取得していなくても適用される。

(11) 養子が相続開始前に死亡したため相続人となったその養子の直系卑属は、実子とみなして法定相続人の数に算入する。

(12) 相続人が配偶者、子Aおよび子B（子Bは相続の放棄をしている）の3人の場合、遺産に係る基礎控除額は、3,000万円＋600万円×2人＝4,200万円である。

(13) 相続税の総額は、相続人等が実際に取得したかどうかに関係なく法定相続分を基準にして算出する。

(14) 兄弟姉妹が相続人となった場合には2割加算の対象とならない。

(15) 遺贈により財産を取得した養子（孫養子ではない）で相続の放棄をした者は2割加算の対象となる。

(16) 遺贈により財産を取得した代襲相続人である孫が相続の放棄をした場合には、2割加算の対象となる。

(17) 相続開始年分の被相続人からの贈与は贈与税額控除の対象となる。

(18) 配偶者の税額軽減額は相続税の総額の2分の1が限度である。

(19) 配偶者の税額軽減額は遺産が未分割である場合にはその未分割財産部分について適用できない。

解答

(1) ×	(2) ○	(3) ○	(4) ×	(5) ×	(6) ○	(7) ×
(8) ○	(9) ×	(10) ×	(11) ○	(12) ×	(13) ○	(14) ×
(15) ×	(16) ○	(17) ×	(18) ×	(19) ○		

第**3**章

納付すべき贈与税額

過去の出題状況	2022.5	2022.9	2023.1	2023.5	2023.9	2024.1
贈与の基本		☆	☆	☆		☆
みなし贈与財産の種類				☆		
贈与税の配偶者控除	☆		☆			
相続時精算課税制度		☆		☆		
直系尊属から住宅取得等資金の贈与を受けた非課税						
直系尊属から教育資金の一括贈与を受けた非課税						
贈与税の計算	☆				☆	
結婚・子育て資金の一括贈与						

1. 贈与の定義と種類

2. 贈与税

みなし贈与財産

贈与税の配偶者控除

相続時精算課税制度

直系尊属からの住宅取得等資金の贈与を受けた場合の非課税制度

教育資金の一括贈与に係る贈与税の非課税制度

結婚・子育て資金の一括贈与に係る贈与税の非課税制度

1 贈与の定義と種類

1 贈与契約とは

　贈与とは、当事者の一方が自己の財産を無償で相手方に与えるという意思表示をし、相手方がこれを受諾することにより成立する契約（**諾成契約**）であり、契約当事者の一方だけが債務を負担する**片務契約**である。贈与契約は、口頭でも成立する。

(1) 書面による贈与と書面によらない（口頭）贈与
① すでに履行した部分
　　書面による贈与、口頭による贈与のいずれもすでに施行した部分は取消し（撤回）できない。
② まだ履行していない部分
　　書面による贈与は取り消し（撤回）できないが、口頭による贈与は各当事者が取消しできる。

(2) 特殊な贈与契約
① 定期贈与
　　定期の給付を目的とする贈与。特約のない限り、贈与者・受贈者の一方の死亡により効力を失う。
② 負担付贈与
　　贈与契約締結の際に、受贈者に一定の負担を課す贈与。当事者の双方が互いに対価的な債務を負担する**双務契約**に関する規定の適用を受け、贈与者は売主と同様、担保責任を負う。
　　(注) 受贈者が負担を履行しない場合、贈与者は贈与契約を解除できる。
③ 死因贈与
　　贈与者の死亡により効力を生ずる贈与。民法では、死因贈与について、「その性質に反しない限り、遺贈に関する規定を準用する」とされており、相続税の課税対象となる。しかし、死因贈与がすべての点において遺贈と同様に取り扱われるわけではない。たとえば、遺贈は遺贈者の一方的な意思表示である単独行為であるのに対し、死因贈与は、贈与契約であるので、贈与者と受贈者の双方の合意が必要である。

POINT!
・贈与は、贈与者と受贈者双方の合意で成り立つ契約である。
・死因贈与は相続税の課税対象である。

2 贈与税の課税財産

1 本来の贈与財産

本来の贈与財産は本来の相続財産と同じで、主なものとして現金、預貯金、有価証券、宝石、土地、家屋などがある。

2 みなし贈与財産

法律上は贈与による財産の取得ではなくても、実質的に贈与を受けたのと同じ経済的効果のある財産をみなし贈与財産といい、贈与税が課税される。みなし贈与財産には次のようなものがある。

① 満期等により、保険料を負担していない者が取得した生命保険金等

保険金受取人以外の者が保険料を負担した生命保険契約で、満期や保険事故の発生などにより保険金受取人が保険金を受け取った場合には、保険料を負担した者から贈与により取得したものとみなす。

② 低額譲受による利益

著しく低い価額の対価で財産の譲渡を受けた場合には、その財産の譲渡時における時価と譲渡対価との差額は、贈与により取得したものとみなす。

（例）AさんがBさんに時価（通常の取引価格）1億円の土地を1,000万円で譲渡した場合、Bさんは9,000万円（1億円 − 1,000万円）を贈与により取得したものとみなされる。

③ 債務免除等による利益

対価を支払わないでまたは著しく低い価額の対価で債務の免除、引き受けまたは弁済があった場合には、その免除等を受けた債務に相当する金額を、贈与により取得したものとみなす。

（例）子の借金1,000万円を父親が肩代わりした場合、子は父親から1,000万円を贈与により取得したものとみなされる。

ただし、債務者が資力を喪失して債務を弁済することが困難である場合に、その債務者の扶養義務者から債務の引き受けや弁済が行われた場合には、贈与税の課税対象とならない。

④ その他の利益の享受

(a) 婚姻の取消しまたは離婚による財産の分与によって取得した財産は、原則として贈与税は課税されない。ただし、その分与に係る財産の額が婚姻中の夫婦の協力によって得た財産の額その他一切の事情を考慮してもなお過当であると認められる場合には、その過当である部分は、贈与によって取得した財産となる。

(b) 不動産、株式等の名義の変更があった場合において対価の授受が行われていないときは、贈与によって取得したものとして取り扱う。

3 贈与税の非課税財産

次に掲げる財産には贈与税が課税されない。

① 法人からの贈与により取得した財産（原則として一時所得として所得税の対象となる）

② 扶養義務者相互間で行う生活費または教育費に充てるために取得した財産のうち、通常必要と認められるもの

　(注) 預貯金や株式等に投資するなど、生活費または教育費以外のことに使った場合は、贈与税の課税対象となる。

③ 社会通念上相当と認められる香典、花輪代、年末年始の贈答、祝物、見舞い等のための金品

④ 相続または遺贈により財産を取得した者が、相続開始の年に被相続人から贈与を受けた財産

　(注) 相続開始の年に受けた贈与は、生前贈与加算の適用により相続税の課税対象となる。

POINT!

低額譲渡や債務の免除・引受けにより受けた利益は、みなし贈与財産として贈与税の課税対象となる。

3 贈与税の計算

1 贈与税の計算体系

一暦年（1月1日から12月31日まで）に受贈者が贈与により取得した財産の価額の合計額をもとに計算する。

$$本来の贈与財産 ＋ みなし贈与財産 － 非課税財産 ＝ 贈与税の課税価格$$

$$\left\{ \begin{array}{c} 贈与税の \\ 課税価格 \end{array} － \begin{array}{c} 贈与税の \\ 配偶者控除 \end{array} － \begin{array}{c} 基礎控除 \\ （110万円） \end{array} \right\} × 税率 ＝ \begin{array}{c} 納付すべき \\ 贈与税額 \end{array}$$

2 贈与税の計算

贈与財産には、一般贈与財産と特例贈与財産があり、贈与税額の計算にはそれぞれ異なる税率が適用される。

一般贈与財産	特例贈与財産以外の贈与財産をいう 一般税率により贈与税を計算する
特例贈与財産	直系尊属から、贈与を受けた年の1月1日において18歳以上の者が贈与を受けた財産をいう 特例税率により贈与税額を計算する

■贈与税の速算表
(a) 一般税率

基礎控除後の課税価格		税　率	控除額
	2,000千円 以下	10%	—
2,000千円 超	3,000千円 以下	15%	100千円
3,000千円 超	4,000千円 以下	20%	250千円
4,000千円 超	6,000千円 以下	30%	650千円
6,000千円 超	10,000千円 以下	40%	1,250千円
10,000千円 超	15,000千円 以下	45%	1,750千円
15,000千円 超	30,000千円 以下	50%	2,500千円
30,000千円 超		55%	4,000千円

(b) **特例税率**

基礎控除後の課税価格		税　率	控除額
	2,000千円 以下	10%	—
2,000千円 超	4,000千円 以下	15%	100千円
4,000千円 超	6,000千円 以下	20%	300千円
6,000千円 超	10,000千円 以下	30%	900千円
10,000千円 超	15,000千円 以下	40%	1,900千円
15,000千円 超	30,000千円 以下	45%	2,650千円
30,000千円 超	45,000千円 以下	50%	4,150千円
45,000千円 超		55%	6,400千円

■設例　一般贈与の場合

兄から、開業資金として現金10,000千円の贈与を受けた。

【解　答】
　一般税率により贈与税額を計算する。
　(10,000千円 − 1,100千円) × 40% − 1,250千円 = 2,310千円

■設例　特例贈与の場合

30歳の者が、父から現金8,000千円と祖父から現金2,000千円の贈与を受けた。

【解　答】
　特例税率により贈与税額を計算する。
　(8,000千円 + 2,000千円 − 1,100千円) × 30% − 900千円 = 1,770千円

■設例　一般贈与と特例贈与の両方がある場合

30歳の者が、兄から現金1,000千円と父から現金4,000千円の贈与を受けた。

【解　答】
　兄からの贈与は一般贈与財産、父からの贈与は特例贈与財産となる。
(a)　贈与を受けた財産の全部が一般贈与財産と考えて贈与税額を計算し、そのう
　ち一般贈与財産に対応する部分を計算する。
(b)　贈与を受けた財産の全部が特例贈与財産と考えて贈与税額を計算し、そのう
　ち特例贈与財産に対応する部分を計算する。
(c)　上記(a)と(b)を合計したものが納付すべき贈与税額となる。

〈計算〉
(a)　一般贈与財産に対する税額
　　（1,000千円＋4,000千円－1,100千円）×20％－250千円＝530千円

$$530千円 \times \frac{1,000千円}{1,000千円＋4,000千円} = \underline{106千円}$$

(b)　特例贈与財産に対する税額
　　（1,000千円＋4,000千円－1,100千円）×15％－100千円＝485千円

$$485千円 \times \frac{4,000千円}{1,000千円＋4,000千円} = \underline{388千円}$$

(c)　納付すべき贈与税額
　　106千円＋388千円＝494千円

POINT!
一般贈与財産と特例贈与財産の両方がある場合の贈与税額の計算は確実におさえる。

4 贈与税の配偶者控除

　婚姻期間が20年以上である配偶者から贈与により取得した日本国内にある居住用不動産または居住用不動産を取得（増築含む）するための金銭に関しては、基礎控除額（110万円）とは別に、最高2,000万円までが控除される（つまり2,110万円まで課税されない）。なお、この控除を適用したことにより贈与税がゼロとなっても贈与税の申告は必要である。

(1) 適用要件
　① 贈与の日において、婚姻期間が20年（1年未満の端数は切捨て）以上の配偶者からの贈与であること。
　② 配偶者から贈与された財産が、国内にある居住用不動産であることまたは居住用不動産を取得するための金銭であること。
　③ 贈与を受けた年の翌年3月15日までに、贈与により取得した居住用不動産または贈与を受けた金銭で取得した居住用不動産に、贈与を受けた者が現実に居住しており、その後も引き続き居住する見込みであること。

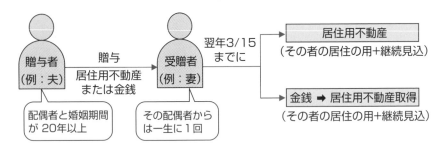

(2) 控除額
　課税価格から2,000万円を控除することができる。ただし、贈与により取得した居住用不動産および金銭（居住用不動産の取得に充てられた部分の金額に限る）の合計額が2,000万円に満たない場合には、その合計額を限度とする。控除しきれなかった場合でも、控除額を翌年に繰り越すことはできない。

(3) 適用除外
　前年以前にその配偶者から取得した財産に係る贈与税につき贈与税の配偶者控除の規定の適用を受けた者は、適用を受けることはできない（同じ配偶者からは一生に1回）。

(4) 相続開始の年に贈与が行われた場合
　贈与者の相続が開始した年に贈与を受けた場合でも、贈与税の申告をすることを要

件に贈与税の配偶者控除の適用を受けることができる。

（5）生前贈与加算との関係

贈与税の配偶者控除により控除された部分の金額または控除されることとなる部分の金額は、その贈与の後7年以内に贈与者が死亡した場合でも、生前贈与加算の適用はない。

（6）申告要件

贈与税の配偶者控除は、贈与税の申告をすることを要件として適用を受けることができる。配偶者控除により納付すべき贈与税額がゼロとなった場合でも、申告が必要である。

（7）店舗併用住宅の贈与

店舗併用住宅の贈与があった場合には、居住の用に供している部分だけが適用対象となる。ただし、居住の用に供している部分の面積が、おおむね10分の9以上であるときは、全体が居住用不動産に該当するものとして差し支えない。

（8）店舗併用住宅の持分贈与

店舗併用住宅の持分贈与を受けた場合には、原則として居住の用に供している部分だけが控除の対象となるのであるが、特例として居住用部分から優先的に贈与を受けたものとして配偶者控除の適用を受けることができる。

■設例

　Aは本年、以下の店舗併用住宅の持分2分の1を配偶者に贈与した。贈与税の配偶者控除を適用後の贈与税の課税価格はいくらか。
店舗併用住宅の相続税評価額：48,000千円
店舗部分　　：3分の1
居住用部分：3分の2

【解　答】

(a)　原　則

　　贈与税の配偶者控除の適用を受けられるのは、居住用部分に限られる。次の算式により居住用部分を計算する。

> 相続税評価額 × 居住用部分の割合 × 贈与を受けた持分の割合

居住用部分の金額：$48,000$千円$\times\dfrac{2}{3}\times\dfrac{1}{2}=16,000$千円

控除額　　　　　：$16,000$千円$\leqq 20,000$千円

　　　　　　　　　∴16,000円が配偶者控除の額となる。

贈与税の課税価格：$48,000$千円$\times\dfrac{1}{2}-16,000$千円$=\underline{8,000}$千円

(b)　特　例

居住用部分の金額：居住用部分$\dfrac{2}{3}>$持分贈与の割合$\dfrac{1}{2}$

　　　　　　　　　贈与を受けた部分はすべて居住用と考えて控除額を計算する。

　　　　　　　　　$48,000$千円$\times\dfrac{1}{2}=24,000$千円

控除額　　　　　：$24,000$千円$>20,000$千円

　　　　　　　　　∴20,000千円が配偶者控除の額となる。

贈与税の課税価格：$48,000$千円$\times\dfrac{1}{2}-20,000$千円$=\underline{4,000}$千円

　　　　　　　　　∴特例の方が有利。

POINT!

・贈与税の配偶者控除の適用により控除された部分の金額は、生前贈与加算の対象にならない。

・贈与税の配偶者控除において店舗併用住宅の持分贈与を受けた場合は、まず居住用部分から贈与があったものとする。

5 相続時精算課税制度

① 概　要

　相続時精算課税制度とは、原則として60歳以上の父母または祖父母から、18歳以上の推定相続人である子または孫に対し、財産を贈与した場合に選択できる贈与税の制度である。贈与時に、贈与財産の価額から基礎控除110万円を控除し、特別控除2,500万円の適用がある場合はその金額を超えた部分については一律20％で贈与税が課税される。

　その後、贈与者が死亡したときは、その贈与者からの贈与で相続時精算課税制度を選択した財産は基礎控除110万円を控除した後の残額部分を相続財産に加算して相続税を課税し、すでに支払った贈与税がある場合には、相続税額から控除する。

② 適用対象者

　・贈与者（特定贈与者）：贈与をした年の1月1日において60歳以上の父母または祖父母
　・受贈者（相続時精算課税適用者）：贈与を受けた年の1月1日において18歳以上の推定相続人である子および孫

　この制度は、贈与者ごと、受贈者ごとに選択することができる。たとえば、母からの贈与に相続時精算課税制度を選択し、父からの贈与にも別途相続時精算課税制度を選択することができる。この場合、特別控除はそれぞれ2,500万円で、合計5,000万円まで控除を受けることができる。

③ 適用対象財産等

　贈与財産の種類、金額、贈与回数に制限はない。

④ 適用手続

　相続時精算課税制度を選択しようとする受贈者は、その選択に係る最初の贈与を受けた年の翌年2月1日から3月15日までの間（贈与税の申告書の提出期間）に納税地の所轄税務署長に対して「相続時精算課税選択届出書」を贈与税の申告書に添付して提出しなければならない。

　相続時精算課税選択届出書の提出は最初の贈与の時に1回だけでいいが、贈与税の申告書は、毎年110万円超の贈与であれば、贈与税の申告が必要である。

　相続時精算課税制度は、いったん選択すると選択した年以後その特定贈与者からの贈与については、特定贈与者が死亡するまで継続して適用され、暦年課税に変更することはできない。

5 贈与税額の計算

贈与税額の計算は、贈与財産の価額から基礎控除110万円を控除し、複数年にわたり利用できる特別控除2,500万円（前年以前にすでにこの特別控除額を控除している場合は、残額が限度額となる）を控除した後の金額に、一律20％の税率を乗じて計算する。

■設例

Aは、本年父から現金1,000万円の贈与を受けた。Aは、前年にも父から株式2,000万円の贈与を受け、前年分の贈与税につき相続時精算課税制度を選択し、必要な手続を行っている。Aの前年分および本年分の贈与税額はいくらか。

【解　答】
  (a)　前年分の贈与税額
    2,000万円－110万円－1,890万円＝0円
    ※　特別控除額：1,890万円＜2,500万円　∴1,890万円

  (b)　本年分の贈与税額
    （1,000万円－110万円－610万円※）×20％＝56万円
    ※　特別控除額：1,000万円＞2,500万円－1,890万円＝610万円（特別控除の残額）
                    ∴610万円

6 特定贈与者が死亡した場合の相続税額の計算

相続時精算課税制度に係る特定贈与者が死亡したときは、それまでに特定贈与者から贈与を受けて相続時精算課税制度の選択をした贈与財産から基礎控除110万円を控除した残額部分を相続財産に加算して相続税額を計算する。特定贈与者の相続について、相続または遺贈により財産を取得しない場合でも、相続時精算課税制度の適用を受けた贈与財産は、相続または遺贈により取得したものとみなされて相続財産に加算される。

そして、すでに納めた贈与税相当額を相続税額から控除する。その際、相続税額から控除しきれない相続時精算課税制度に係る贈与税相当額については、相続税の申告をすることにより還付を受けることができる。

なお、贈与財産を相続財産に合算する場合の贈与財産の価額は、贈与時の価額である。

7 養子への贈与

養子縁組などにより、特定贈与者の推定相続人となった者は、他の要件を満たしていれば、相続時精算課税制度の適用を受けることができる。相続時精算課税制度を選

択して贈与を受けた後に、養子縁組を解消して特定贈与者の推定相続人でなくなった場合でも、その特定贈与者からの贈与により取得した財産については、引き続き相続時精算課税が適用される。

■暦年贈与との比較

	相続時精算課税制度	通常の贈与
贈与税額の計算	・暦年で110万円の基礎控除 ・2,500万円まで特別控除 ・2,500万円を超える部分は20％課税 （注）基礎控除を超える金額に特別控除を利用する。 （注）特別控除枠は複数年にわたり利用できる。	・暦年で110万円の基礎控除 ・基礎控除を超える部分は通常の累進税率
相続開始時の相続税の計算	基礎控除を控除した受贈財産をすべて加算	相続開始前7年以内の贈与財産を加算
	加算される贈与財産の評価は贈与時の価額	
	すでに支払った贈与税があれば差し引く（相続時精算課税制度については控除不足額の還付あり）	

※1　相続等による財産取得がない場合でも適用される。

※2　相続等による財産取得が要件とされる。

（注）相続時精算課税適用財産については、小規模宅地等の評価減の適用は受けられず、また物納に充てることもできない。

⑧ 特定贈与者の死亡以前にその特定贈与者に係る相続時精算課税適用者が死亡した場合

特定贈与者の死亡以前にその特定贈与者に係る相続時精算課税適用者が死亡した場合には、その相続時精算課税適用者の相続人（包括受遺者を含む）は、その相続時精算課税適用者が有していた相続時精算課税の規定の適用を受けていたことに伴う納税に係る権利または義務を承継する。

ただし特定贈与者が相続人となる場合は、その特定贈与者はその納税に係る権利または義務を継承しない。

⑨ 住宅取得等資金贈与に係る相続時精算課税制度の特例

（1）概　要

父母または祖父母からの贈与により、自己の居住の用に供する住宅用家屋の新築、取得または増改築等の対価に充てるための金銭を取得した場合で、一定の要件を満たすときには、贈与者がその贈与の年の1月1日において60歳未満であっても相続時精算課税制度を選択することができる。

なお、この特例は「直系尊属から住宅取得等資金の贈与を受けた場合の非課税制度」との併用ができる。

（2）適用要件

① 贈与を受けた年の翌年３月15日までに住宅取得等資金の全額を充てて住宅用家屋の新築等をし、かつ、その家屋に居住することまたは同日後遅滞なくその家屋に居住することが確実であると見込まれること。

（注）贈与を受けた年の翌年12月31日までにその家屋に居住していないときは、この特例の適用を受けることはできない。

② 「住宅用家屋の新築」には、その新築とともにするその敷地の用に供される土地等または住宅の新築に先行して土地等の取得をする場合を含む。また、対象となる住宅用家屋は日本国内にあるものに限られる。

（3）住宅用家屋の要件

① 床面積（マンションなどの区分所有建物の場合はその専有部分の床面積）が40m²以上でかつ、床面積の２分の１以上が受贈者の居住の用に供されるものであること。

② 中古住宅の場合は、新耐震基準に適合していること。

（注）登記簿上の建築日付が昭和57年１月１日以降の家屋については、新耐震基準に適合している住宅用家屋とみなす。

③ 中古住宅用で一定の耐震基準を満たすものは、経過年数を問わない。

④ 上記②および③のいずれにも該当しない中古住宅用で、その住宅用家屋の取得の日までに耐震改修を行うことにつき都道府県知事などに申請をし、かつ、贈与を受けた年の翌年３月15日までにその耐震改修によりその住宅用家屋が耐震基準に適合することとなったこと。

（4）増改築等の要件

① 増改築等後の床面積（マンションなどの区分所有建物の場合はその専有部分の床面積）が40m²以上でかつ、床面積の２分の１以上が受贈者の居住の用に供されるものであること。

② 増改築等に係る工事に要した費用の額が100万円以上であること。

2024年（令和６年）１月１日以後より

① 相続時精算課税制度における基礎控除（110万円）の創設

相続時精算課税適用者が特定贈与者から贈与により取得した財産に係るその年分の贈与税については、暦年課税の基礎控除とは別途、課税価格から基礎控除（110万円）を控除できる。基礎控除（110万円）以下については贈与税申告が不要となる。

② 災害により被害を受けた場合

相続時精算課税制度の適用を受けた贈与財産が土地又は建物である場合において、当該土地又は建物が災害により一定の被害を受けた場合には、当該相続税の課税価格への加算等の基礎となる当該土地又は建物の価額は、当該贈与の時における価額から当該価額のうち当該災害によって被害を受けた部分に相当する額を控除した残額とする。

■相続時精算課税制度の比較

	改正前	改正後　2024年（令和6年）1月1日以後より
贈与税額の計算	（贈与額－2,500万円）×20%	（贈与額－110万円－2,500万円)×20%
贈与税申告手続き	贈与を受けた年ごとに申告	同左 ただし贈与額が年110万円以下の場合は申告不要

※改正後も暦年課税の場合は年110万円以下の贈与であっても相続財産に加算されるのに対し、改正後の相続時精算課税制度の場合は年110万円以下の贈与であれば相続財産に加算されない。

また、基礎控除は暦年課税の基礎控除とは別枠となる。同じ贈与者からの贈与で両方の基礎控除を適用することはできないが、例えば、父親からの贈与で相続時精算課税の基礎控除を、母親からの贈与で暦年課税の基礎控除を適用することができる。

第**3**章

納付すべき贈与税額

6 直系尊属から住宅取得等資金の贈与を受けた場合の非課税制度

1 内　容

2015年1月1日から2026年12月31日までの間に、その年1月1日において**18歳以上である者**（贈与を受けた年の合計所得金額が**2,000万円以下である者に限る**）が、自己の居住の用に供する一定の家屋の新築もしくは取得または自己の居住の用に供する家屋の一定の増改築（これらとともにするこれらの家屋の敷地の用に供されている土地または土地の上に存する権利の取得を含む）のための資金をその**直系尊属**からの**贈与**により取得した場合には、当該期間を通じて非課税限度額まで贈与税を非課税とする制度である。

（注1）直系尊属とは、自分の父母、祖父母、曾祖父母である。配偶者の父母や祖父母からの贈与は直系尊属に当たらないので対象にならない。また、養親は直系尊属に当たるので、贈与のときにおいて養子縁組をしている場合は非課税制度の適用を受けることができる。

（注2）家屋の床面積は50㎡以上240㎡以下であること（合計所得金額が1,000万円以下の人は40㎡以上に引き下げられる）。その他の家屋についての要件は、住宅取得等資金贈与に係る相続時精算課税制度の特例に規定されているものと同様である。

（注3）先行してその敷地の用に供される土地等を取得する場合におけるその土地等の取得のための資金も含まれる。

2 非課税限度額

非課税限度額は、新築等をする住宅用の家屋の種類ごとに下表のとおりとなる。非課税限度額は受贈者一人ごとの金額で、同一年中に複数の贈与者から贈与を受けた場合には、誰からの贈与にいくら非課税の適用を受けるかは受贈者の選択による。

	省エネ等良質な住宅	左記以外の住宅
2024年4月1日～2026年12月31日	1,000万円	500万円

3 申告要件

贈与を受けた年の翌年2月1日から3月15日の間に、添付書類を添えて贈与税申告書を提出することが要件とされる。

4 暦年課税で非課税を適用する場合

非課税枠は、暦年課税の基礎控除額110万円に加算して利用することができる。

贈与から 7 年以内に、贈与者に相続が発生した場合の生前贈与加算の取扱いについては、非課税とされた金額は生前贈与加算の対象とならない。

🔢 相続時精算課税制度を選択し、非課税を適用する場合

　住宅取得等資金等に係る相続時精算課税制度の特別控除額2,500万円[※]に加算して非課税枠として利用することができる。贈与から 7 年以内に贈与者に相続が発生した場合には、非課税とされた金額は生前贈与加算の対象とならない。
※　2024年（令和 6 年） 1 月 1 日以後より2,500万円＋110万円

POINT!

暦年課税、相続時精算課税制度ともに非課税額相当額は生前贈与加算の対象とならない。

7 教育資金の一括贈与に係る贈与税非課税措置

1 内 容

30歳未満の子や孫の教育資金に充てるための金銭を、父母・祖父母等（直系尊属）が一括贈与した場合、受贈者ごとに最高1,500万円まで贈与税が非課税となる。

贈与	受贈者	30歳未満の者（前年の受贈者の合計所得金額が1,000万円超の場合は適用できない）
	贈与者	受贈者の直系尊属
	非課税限度額	受贈者ごとに1,500万円（学校以外の教育資金は500万円まで）
	贈与期間	2013年4月1日から2026年3月31日までに拠出
	方法	一定の金融機関に子・孫の名義の口座を開設し、信託等して贈与
	申告	受贈者は、この特例の適用を受けようとする旨等を記載した「教育資金非課税申告書」を金融機関を経由し、信託等がされる日までに受贈者の納税地の所轄税務署長に提出する。
払出し	払出し目的	学校等に支払われる入学金や授業料、学校以外の者に支払われる塾、習い事等が含まれる。
	確認方法	教育費に充てた領収書を金融機関が内容と支払いを確認し、金額を記録
終了	受贈者が30歳に達したとき	口座は終了し、その時点で使い残しがあればその日に贈与があったものとみなされ、贈与税が課される。しかし、2019年7月1日以後に受贈者が30歳に達する場合については①学校等に在学している場合②教育訓練給付金の支給対象となる教育訓練を受講している場合には①②の事由がなくなった年の年末かそれ以前に40歳に達した場合のいずれか早い時点の残高に対して贈与税が課される。金融機関は非課税拠出額、教育資金支出額等一定事項を税務署に提出
	受贈者が途中で死亡したとき	使い残し部分に対して贈与税は課されない。

（注1）契約期間中に贈与者が死亡した場合、その死亡の日までの年数にかかわらず、その死亡の日における管理残額をその贈与者から相続または遺贈により取得したものとみなされる。ただし、贈与者の死亡日において、次のいずれかに該当する場合は除かれる。

① 受贈者が23歳未満の場合

② 受贈者が学校等に在学中の場合

③ 受贈者が教育訓練給付金の対象になる教育訓練を受講している場合

ただし、贈与者の死亡に係る相続税の課税価格の合計額が5億円を超えるときは、受贈者が23歳未満である場合であっても、当該残額が課税対象となる。

上記（注1）により相続等により取得したものとみなされる管理残額について、贈与者の子以外の直系卑属に相続税が課される場合には、その管理残額に対する相続税額は2割加算の対象になる。

（注2）受贈者が23歳に達した日の翌日以後、学校等以外の者に支払われる金銭について
は、教育訓練給付金の支給対象となる教育訓練を受講するための費用に限定される。

（注3）受贈者が30歳に達した場合等において、非課税拠出額から教育資金支出額を控除し
た残額に贈与税が課されるときは、一般税率を適用することになる。

2 教育資金とは

（1）学校等に対して直接支払われる次のような金銭

① 入学金、授業料、入園料、保育料、施設設備費または入学（園）試験の検定料
など

② 学用品費、修学旅行費、学校給食費、通学定期券代など学校等における教育に
伴って必要な費用など

（2）学校等以外に対して直接支払われる次のような金銭で社会通念上相当と認められるもの

① 役務提供または指導を行う者（学習塾や水泳教室など）に直接支払われるもの

② 教育（学習塾、そろばんなど）に関する役務の提供の対価や施設の使用料など

③ スポーツ（水泳、野球など）または文化芸術に関する活動（ピアノ、絵画など）その他教養の向上のための活動に係る指導への対価など

④ ②の役務提供または③の指導で使用する物品の購入に要する金銭

⑤ 留学渡航費

POINT!

代襲相続人の孫は2割加算の対象にならない。

8 結婚・子育て資金の一括贈与に係る贈与税非課税措置

■1 内 容

18歳以上50歳未満の子や孫の結婚・子育て資金に充てるための金銭を直系尊属が一括贈与した場合、受贈者ごとに最高1,000万円まで贈与税が非課税となる。

贈与	受贈者	18歳以上50歳未満の者（前年の受贈者の合計所得金額が1,000万円超の場合は適用できない）
	贈与者	受贈者の直系尊属
	非課税限度額	受贈者ごとに1,000万円（結婚資金は300万円）
	贈与期間	2015年4月1日から2025年3月31日までに拠出
	方法	一定の金融機関に子・孫の名義の口座を開設し、信託等して贈与
	申告	受贈者は、この特例の適用を受けようとする旨等を記載した非課税申告書を金融機関を経由し、受贈者の納税地の所轄税務署長に提出する。
払出し	払出し目的	結婚に際して支出する婚礼費用、妊娠出産費用等
	確認方法	結婚・子育てに充てた領収証等を金融機関が内容と支払いを確認し、金額を記録
終了	受贈者が50歳に達したとき	口座は終了し、金融機関は調書を税務署に提出する。その時点で使い残しがあればその日に贈与があったものとみなされ、受贈者に贈与税が課せられる。
	受贈者が途中で死亡したとき	使い残し部分に対して贈与税は課されない。

（注1）贈与者から相続等により取得したものとみなされる管理残額について、贈与者の子以外の直系卑属に相続税が課される場合、当該管理残額に対する相続税額は2割加算の対象となる。

（注2）受贈者が50歳に達した場合等において、非課税拠出額から結婚・子育て資金支出額を控除した残額に贈与税が課されるときは、一般税率を適用することになる。

■2 結婚・子育て資金とは

① 結婚費用
　結婚に際して支出する婚礼（披露宴含む）に要する費用
　結婚に際しての住居・引越に要する費用で一定のもの
② 子育て資金
　妊娠・出産に要する費用
　子の医療費及び子の保育料で一定のもの
　不妊治療に関する費用（薬局に支払われるものを含む）
　（注）子とは、未就学児（小学校入学前の子）をいう。

受贈者が50歳に達したときに残額があるときは、その年に贈与税の課税対象となる。

9 特定障害者扶養信託契約に係る非課税措置

❶ 内 容

特別障害者等を受益者、信託銀行等を受託者とする特定障害者扶養信託契約に基づいてその信託契約に係る金銭などの財産の信託がされることにより「信託受益権」を取得することとなる場合において、その信託の際「障害者非課税信託申告書」を納税地の所轄税務署長に提出したときは、その信託受益権の価格のうち❷の金額までに相当する部分の価格については贈与税の課税価格に算入されない。

❷ 非課税金額

対象者（特別障害者等）	非課税金額
特別障害者	6,000万円
中軽度の知的障害者および、精神障害者 保健福祉手帳の等級が2級・3級の者	3,000万円

なお、非居住無制限納税義務者および制限納税義務者である特別障害者にはこの制度の適用はない。

（注）身体障害者（1・2級）は特別障害者になる。

(1) 父は子（身体障害者手帳2級）を受益者とする特定障害者扶養信託契約を締結した。この場合6,000万円までの受益権は贈与税は非課税とされる。

(2) 父から子へ低額譲渡された不動産は、贈与時における通常の取引価額で評価される。

(3) 離婚に伴う財産分与で財産分与請求権に基づくものは原則として贈与税は課されない。

(4) 贈与税の配偶者控除は2,000万円までであるから、今年1,500万円まで控除の適用をし、翌年以降に残額の500万円を控除することができる。

(5) 贈与税の配偶者控除の適用にあたり、贈与財産である家屋と土地を夫婦で共有持ち分にすると、将来譲渡する場合に居住用財産の3,000万円の特別控除を各々が適用できる。

(6) 婚姻の日から贈与の日までが19年10カ月のとき、1年未満の端数は切り上げとなるので贈与税の配偶者控除が受けられる。

(7) 相続時精算課税制度を適用し受贈者に贈与した財産は相続税の物納財産とすることができる。

(8) 相続時精算課税制度を選択して、翌年以降にそれを取りやめる場合には、取りやめの届出書を取りやめる年分の贈与税の申告書の提出期限までに提出すればよい。

(9) 住宅取得等資金贈与に係る相続時精算課税制度の特例は一度その規定の適用を受けたら再度その規定を受けることはできない。

(10) 直系尊属から住宅取得資金の贈与を受けた場合の非課税の適用を受けられる受贈者は、合計所得金額が2,000万円以下の者に限られる。

(11) 直系尊属から教育資金の一括贈与を受けた場合の非課税の適用を受けられる受贈者は、30歳未満で前年の合計所得金額が1,000万円以下の者が受けられる。

(12) 直系尊属から結婚・子育て資金の一括贈与を受けた場合の贈与税の非課税に係る残額を遺贈により取得したものとみなされた者が相続税の2割加算の対象となる者であっても、当該残額に対応する相続税額は相続税額の2割加算の対象とならない。

解答

(1) ○	(2) ○	(3) ○	(4) ×	(5) ○	(6) ×
(7) ×	(8) ×	(9) ×	(10) ○	(11) ○	(12) ×

第3章

納付すべき贈与税額

第4章

相続税・贈与税の申告と納付

過去の出題状況	2022.5	2022.9	2023.1	2023.5	2023.9	2024.1
申告書の提出義務者	☆	☆	☆			
相続税の延納					☆	
相続税の物納					☆	
贈与税の申告		☆				

1．申告書の提出義務者
申告要件
相続税法特則による是正手続

2．相続税・贈与税の納税方法
相続税の延納
相続税の物納

1 申告書の提出義務者

■1 相続税の期限内申告書

（1）本来の提出義務者

① 提出義務者

　申告要件のある規定を適用しないで相続税額を計算した場合において、納付すべき相続税額が算出された者は、相続税の申告書を提出しなければならない。

■申告要件のある規定のうち代表的なもの

　次の規定は、その適用を受けた結果、納付税額がゼロとなった場合でも申告書の提出が必要である。

> (a) 配偶者に対する相続税額の軽減
> (b) 小規模宅地等についての評価減
> (c) 取引相場のない株式等に係る相続税の納税猶予

② 提出期限

　相続の開始があったことを知った日の翌日から10カ月を経過する日

（注1）知った日の10カ月後の応当日。月末対応に注意すること。

　　　　　（知った日）　　　　　（提出期限）

　　　　2023年4月30日　　→　　2024年2月28日

　　　　2023年8月31日　　→　　2024年6月30日

（注2）申告期限内に納税管理人の届出をしないで、法施行地に住所および居所を有しないこととなる場合は、その住所および居所を有しないこととなる日までとなる。

③ 提出先

　納税地の所轄税務署長

■納税地

被相続人の死亡時の住所地	法施行地にあり	納税義務者が居住無制限納税義務者であるか、非居住無制限納税義務者等であるかに関係なく、被相続人の死亡時の住所地	
	法施行地になし	居住無制限納税義務者	その者の住所地
		非居住無制限納税義務者、制限納税義務者	納税地を定めるまたは国税庁長官が指定
		居住無制限納税義務者で出国するもの	

（2）提出義務の承継の場合

① 提出義務者

相続税の申告書を提出すべき者が、その申告書の提出期限前に申告書を提出しないで死亡した場合には、死亡した者の相続人（包括受遺者を含む）は死亡した者にかわり、相続税の申告書を提出しなければならない。

② 提出期限

本来の提出義務者の相続の開始があったことを知った日の翌日から10カ月を経過する日

③ 提出先

本来の提出義務者の提出先

2 贈与税の期限内申告書

（1）本来の提出義務者

① 提出義務者

申告要件のある規定を適用しないで贈与税額を計算した場合において、納付すべき贈与税額が算出された者

■申告要件のある規定のうち代表的なもの

次の規定は、その適用を受けた結果、納付税額がゼロとなった場合でも申告書の提出が必要である。

(a) 贈与税の配偶者控除

(b) 直系尊属から住宅取得等資金の贈与を受けた場合の非課税

(c) 取引相場のない株式等に係る贈与税の納税猶予

② 提出期限

翌年2月1日から翌年3月15日まで

（注）翌年1月1日から3月15日までに納税管理人の届出をしないで法施行地に住所および居所を有しないこととなる場合は、その住所および居所を有しないこととなる日までとなる。

③ 提出先

納税地の所轄税務署長

■納税地

居住無制限納税義務者	その者の住所地
非居住無制限納税義務者、制限納税義務者	納税地を定めるまたは国税庁長官が指定
居住無制限納税義務者で出国するもの	

（2）提出義務の承継の場合

　相続税の期限内申告書の提出義務の承継の場合と同じ。

POINT!

相続税、贈与税ともに申告要件のある規定をおさえる。

2 申告手続とその是正手続

1 納税義務者の税額確定手続

手続の名称	内　　容
期限内申告書	相続税または贈与税の納税義務が成立することにより、その納税義務者が、法定申告期限までに税務署長に提出しなければならない申告書
期限後申告書	期限内申告書を提出すべき者が、法定申告期限までに申告書を提出しなかった場合において、決定があるまではその者が税務署長に提出することができる申告書
修正申告書	期限内申告書もしくは期限後申告書を提出した者または更正もしくは決定を受けた者が、その税額に不足を生じた場合において、更正があるまではその者が税務署長に提出することができる申告書
更正の請求	期限内申告書もしくは期限後申告書を提出した者または決定を受けた者が、その税額が過大になった場合において、相続税は5年以内、贈与税は6年以内に限り、その者が税務署長に更正をすることを請求できる手続

2 税務署長の税額確定手続

手続の名称	内　　容
更　　正	納税義務者が、期限内申告書、期限後申告書または修正申告書を提出した場合において、その税額に過不足があるときは、税務署長がその税額を是正すること
決　　定	税務署長が、申告書を提出する義務があると認められる者がその申告書を提出しなかった場合において、その税額を確定すること

3 相続税法の特則による場合

相続税特有の特別の事由による是正手続等が次のように定められている。

特 別 の 事 由	区　分	手　続
① 未分割遺産が分割された場合にその分割により取得した財産に係る課税価格が、申告時に民法の相続分により計算した課税価格と異なることとなったこと ② 相続人に異動を生じたこと（認知、相続人の廃除などによる） ③ 遺留分侵害額の請求があったこと ④ 遺贈に係る遺言書が発見され、または遺贈の放棄があったことなど	新たに申告書を提出すべきこととなった場合	期限後申告書を提出することができる。
	すでに確定した税額に不足を生じる場合	修正申告書を提出することができる。
	すでに確定した税額が過大である場合	更正の請求をすることができる。 〔その事由が生じたことを知った日から4カ月以内〕

(1) 延滞税

相続税法の特則の事由に基づき期限後申告書または修正申告書を提出したことにより納付すべき相続税額に係る延滞税については、法定納期限の翌日からその申告書の提出があった日までの期間は、延滞税の計算の基礎となる期間に算入しない。

(2) 加算税

相続税法の特則の事由に限定されていないが、期限後申告または修正申告をすることとなった事由が正当な事由によるものであると認められる場合には、過少申告加算税、無申告加算税は課されない。

POINT!

更正の請求は原則として相続税は法定申告期限から5年以内、贈与税は6年以内に限り請求できる。

3 国外財産調書の提出

1 内 容

① その年の12月31日において、価額の合計額が5,000万円を超える国外に所在する財産（以下「国外財産」）を有する居住者は、当該財産の種類、数量および価額その他必要な事項を記載した調書（以下「国外財産調書」）を、翌年3月15日までに、税務署長に提出しなければならない。

② 国外財産調書に記載した国外財産については、所得税法の規定にかかわらず、財産債務調書への内容の記載は要しない。

③ 国外財産調書の提出がある場合の過少申告加算税等の特例

　　国外財産に係る所得税または相続税について申告漏れまたは無申告がある場合、国外財産調書に、その申告漏れ等に係る国外財産の記載があるときは、その部分に係る過少申告加算税または無申告加算税から5％軽減される。

④ 国外財産調書の提出がない場合等の過少申告加算税等の特例

　　国外財産に係る所得税について申告漏れ等がある場合において、その年分の国外財産調書の不提出や記載不備があるときは、その部分に係る過少申告加算税または無申告加算税に5％加重される。

4 相続税・贈与税の納税方法

1 原 則

　相続税および贈与税は、金銭により一括納付するのが原則である。しかし、納税額が多額になる場合もあることから、延納や物納（物納が認められるのは相続税のみ）という特例が設けられている。

2 相続税の延納

（1）概　要

内　容	年1回元金（本税）均等払い 他に利子税が課税される			
延納要件	①	金銭で一時に納付することが困難であること その困難な金額に相当する税額が対象		
	②	相続税額が10万円を超えること		
	③	担保を提供すること		
		右記の両方に該当すると不要	延納税額が100万円以下	
			延納期間が3年以下	
	④	申告期限までに延納申請書を提出し、税務署長の許可を得ること		

（注）延納許可限度額の計算方法
　　　延納許可限度額の計算方法は次による。

> A－{B－（C×3＋D）}
> 　A：納期限までに納付すべき相続税額
> 　B：納期限において有する現金・預金の額および換価が容易な財産の金額
> 　C：申請者等の生活のために通常必要な1カ月分の費用
> 　D：事業継続に当面（1カ月）必要な運転資金の額

（2）担保の提供
　税務署長は、相続税の延納の許可をする場合には、その延納税額に相当する担保を徴さなければならない。

（3）申請手続
　相続税の延納の許可を申請しようとする者は、その延納を求めようとする相続税の納期限または納付すべき日までに所定の事項を記載した申請書（延納申請書）に担保の提供に関する書類を添付し、これを納税地の所轄税務署長に提出しなければならない。

（注）ただし、期限までに担保提供関係書類を提出することができない場合は、届出により
　　提出期限の延長（最長6カ月）が認められる。

（4）審査期間

　税務署長は、延納申請書が提出された場合には、申請期限から3カ月以内に延納の
許可をし、または申請の却下を行い、申請者に通知する。

　なお、延納担保の状況等によっては、最長で6カ月まで延長する場合がある。

（5）延納期間と利子税

　延納ができる期間と延納にかかる利子税の割合については、相続税額の計算の基礎
となった財産の価額の合計額のうちに不動産等の価額の占める割合によって、次の表
のようになる。

区　　分		延納期間（最長）	利子税の割合
不動産等の割合が75%以上の場合	①動産等に係る延納税額	10年	5.4%
	②不動産等に係る延納税額（③を除く）	20年	3.6%
	③計画伐採立木に係る延納税額（計画伐採立木の割合が20%以上）	20年	1.2%
不動産等の割合が50%以上75%未満の場合	④動産等に係る延納税額	10年	5.4%
	⑤不動産等に係る延納税額（⑥を除く）	15年	3.6%
	⑥計画伐採立木に係る延納税額（計画伐採立木の割合が20%以上）	20年	1.2%
不動産等の割合が50%未満の場合	⑦一般の延納税額（⑧⑨⑩を除く）	5年	6.0%
	⑧立木に係る延納税額（立木の割合が30%超、⑩を除く）	5年	4.8%
	⑨特別緑地保全地区内の土地に係る延納税額	5年	4.2%
	⑩計画伐採立木に係る延納税額（計画伐採立木の割合が20%以上）	5年	1.2%

　利子税の割合については、各年の延納特例基準割合が7.3%に満たない場合は、次
の算式により計算した割合（特例割合）が適用される（贈与税の利子税も同様）。

$$延納利子税割合 \times \frac{延納特例基準割合※}{7.3\%}$$

　※　延納特例基準割合は、「短期貸出約定平均金利＋0.5%」で算出される。

（注）端数処理は、0.1%未満切捨てである。

（6）不動産等の割合（各相続人等ごとに算定）

　延納期間や利子税の割合の判定の基準となる不動産等の割合とは、課税相続財産の
うちに不動産等の価額が占める割合をいい、次の算式により計算する。

$$不動産の割合 = \frac{不動産等の価額（千円未満切捨）}{課税相続財産の価額（千円未満切捨）} = \begin{array}{l}小数点以下\\第3位未満\\の端数切上\end{array}$$

① 不動産等の価額

　次に掲げる財産の価額の合計額をいう。

(a) 不動産（たな卸資産である不動産を含む）

(b) 不動産の上に存する権利

(c) 立木

(d) 事業用の減価償却資産

(e) 同族会社（上場法人を除く）の発行する株式または出資

② 課税相続財産の価額

　課税相続財産の価額とは、債務控除を適用する前の金額とする。

$$\begin{array}{c}分割財産\\の価額\end{array} + \begin{array}{c}遺贈財産\\の価額\end{array} + \begin{array}{c}みなし財\\産の価額\end{array} - \begin{array}{c}非課税財\\産の価額\end{array} = \begin{array}{c}課税相続\\財産の価額\end{array}$$

③ 不動産等の割合が10分の5未満、10分の5以上4分の3未満および4分の3以上であるか否かについては、端数処理を行わずに判定する。

3 贈与税の延納

内　容	年1回元金（本税）均等払い 他に利子税が課税される		
延納要件	①	金銭で一時に納付することが困難であること その困難な金額に相当する税額が対象	
	②	贈与税額が10万円を超えること	
	③	担保を提供すること	
		右記の両方に該当すると不要	延納税額が100万円以下
			延納期間が3年以下
	④	申告期限までに延納申請書を提出し、税務署長の許可を得ること	
	⑤	延納期間5年	

POINT!

・延納は、相続税・贈与税ともに納付すべき税額が10万円を超える場合に適用できる。

・延納には担保が必要であるが、延納税額が100万円以下で延納期間が3年以下の場合は担保不要である。

5 相続税の物納

（1）要件等

物納要件	①	延納によっても金銭で納付することが困難 その困難な額を限度とする
	②	申告期限までに物納申請書を提出し、税務署長の許可を得る
	③	物納適格財産を物納に充てる
物納できる財産	①	相続税の課税対象財産（国内財産に限る）
	②	①の財産を処分して得た財産
	③	相続税の生前贈与加算の対象となった財産
物納順位	第1順位	・国債および地方債、不動産および船舶 ・社債、株式、証券投資信託・貸付信託の受益証券のうち上場されているもの ・投資証券等のうち上場されているもの
	第2順位	社債、株式、証券投資信託・貸付信託の受益証券（第1順位に該当するものを除く）
	第3順位	動産

（2）管理処分不適格財産

次のものは、物納に充てることができない。
① 抵当権付の不動産、所有権の帰属が係争中の財産などで、国が完全な所有権を取得できない財産
② 境界線が明確でない土地（ただし、山林は原則として測量不要）、借地契約の効力の及ぶ範囲が特定できない貸地などの財産等
③ 共有財産、稼働工場の一部などで、通常、他の財産と一体で管理処分される財産で、単独で処分することが不適当なもの
④ 敷金等の債務を国が負担しなければならなくなる貸地、貸家などで、物納財産に債務が付随することにより負担が国に移転することとなる財産
⑤ 越境している建物、契約内容が貸主に著しく不利な貸地などで、争訟事件となる蓋然性が高い財産
⑥ 証券取引法上の所要の手続がとられていない株式、定款に譲渡制限がある株式等法令等により譲渡にあたり特定の手続が求められる財産で、その手続が行われていないもの

（3）物納劣後財産

物納劣後財産とは、他に物納適格財産がない場合に限り物納を認める財産である。
① 法令の規定に違反して建築した建物およびその敷地
② 地上権、永小作権その他の用益権の設定されている土地
③ 接道条件を充足していない土地（いわゆる無道路地）

④　都市計画法に基づく開発許可が得られない道路条件の土地
⑤　法令・条例の規定により、物納申請地の大部分に建築制限が課される土地
⑥　維持または管理に特殊技能を要する劇場、工場、浴場その他の大建築物およびその敷地
⑦　土地区画整理事業の施行地内にある土地で、仮換地が指定されていないもの
⑧　生産緑地の指定を受けている農地および農業振興地域内の農地
⑨　市街化調整区域内の土地等
⑩　市街化区域外の山林および入会慣習のある土地
⑪　忌み地
⑫　相続人が居住または事業の用に供している家屋および土地
⑬　休眠会社の株式

(4) 申請手続

　物納の許可を申請しようとする者は、その物納を求めようとする相続税の納期限または納付すべき日までに、所定の事項を記載した物納申請書に物納手続関係書類を添付して納税地の所轄税務署長に提出しなければならない。ただし、物納申請期限までに物納手続関係書類を提出することができない場合には、延長届出書を提出することにより1回につき3カ月を限度として、最長で1年まで物納関係書類の提出期限を延長することができる。

(5) 収納価額

　物納財産の収納価額は、原則として、**課税価格計算の基礎となったその財産の価額**（相続税の計算のもととなった価額）による。ただし、収納のときまでに物納財産の状況に著しい変化が生じたときは、収納時の現況により収納価額を定めることができる。なお、小規模宅地等の特例の適用を受けている宅地等は減額後の価額が収納価額となるので、特例の適用を受ける宅地等の選択にあたり、配慮しなければならない。

(6) 収納時期

　物納の許可を受けた税額に相当する相続税は、物納財産の引渡、所有権移転の登記、その他法令により**第三者に対抗することができる要件を充足したとき**において、納付があったものとする。

(7) 物納の許可および却下

①　物納申請の却下および再申請

　　物納申請された財産が物納不適格財産に該当する場合、または物納劣後財産に該当する場合であって他に物納適格財産を有するときは、税務署長は当該物納申請を却下する。

　　この場合において、申請者は、その却下の日の翌日から20日以内に、一度限り物納の再申請をすることができる。

②　物納手続の明確化

いままで物納申請を行ってから許可または却下の通知があるまでに１年以上かかることもあり、却下の場合には、納期限の翌日から延滞税が課されてしまうことがあった。このようなことがないように、原則として物納申請の期限から３カ月以内には通知をすることが明記された。なお、申請財産の状況によっては、許可または却下までの期間を最長で９カ月まで延長する場合がある。

③　物納申請を却下された者の延納の申請
　　物納の許可を申請した者について、延納による納付が可能であることから物納申請の全部または一部が却下された場合には、その却下の日の翌日から20日以内に延納の申請を行うことができる。

(8) 物納から延納への変更、延納から物納への変更

①　物納の許可があるまでは、いつでも金銭一時納付や延納に変更することができる。
②　延納の許可を受けた者が、資力の状況の変化等により延納による納付が困難となった場合には、相続税の申告期限から10年以内に限り、延納税額からその納期限の到来した分納税額を控除した残額を限度として、物納を選択することができる。これを特定物納制度という。
　　特定物納申請をした場合には、物納財産を納付するまでの期間に応じ、当初の延納条件による利子税を納付することとなる。
　　なお、特定物納に係る財産の収納価額は、特定物納申請のときの価額となる。

(9) 物納の撤回

　　賃借権等の存する不動産を相続した場合には、権利関係が錯綜しているため、相続税の納期限までには売却することができず金銭納付が困難となって、やむを得ず物納を選択せざるを得ない場合がある。このような場合において、その後借地権者等の間で話し合いがつき、その財産の処分による金銭納付を希望する場合には、本来の金銭納付に戻ることができるようにすることおよび物納財産の管理処分事務の円滑化を図るために物納の撤回の制度が設けられている。

①　内　　容
　　税務署長は、物納の許可をした不動産のうちに賃借権その他の不動産を使用する権利の目的となっている不動産（貸家、貸地等）がある場合において、その物納の許可を受けた者が、その後物納に係る相続税を、金銭で一時に納付し、または延納の許可を受けて納付することができることとなったときは、その不動産については、その収納後においても、その収納の許可を受けた日から１年以内にされたその者の申請により、その物納の撤回を承認することができる。

②　物納の撤回が認められない場合
　　物納した不動産が換価されていたとき、物納した不動産が公共の用に供されており、もしくは供されることが確実であると見込まれるとき。

POINT!

・小規模宅地等の特例の適用を受けた宅地の収納価額は、特例適用後の価額となる。
・相続税の申告期限から10年以内であれば延納から物納に変更できる（特定物納制度）。
・物納の許可限度額を超える価額の財産による物納が許可された場合には、差額が金銭により還付される。

6 相続税の連帯納付義務

（1）連帯納付義務

　相続または遺贈により財産を取得したすべての者は、相続税の納付について互いに連帯納付義務があり、相続人のうちの１人が相続税を納付しない場合、他の相続人が代わりに納付しなければならない。

　連帯納付の義務は、各相続人等が相続または遺贈により受けた利益の価額を限度とする。相続税の連帯納付義務者が連帯納付義務に係る相続税を納付する場合に負担する延滞税は軽減されていて、延滞税に代えて利子税を納付することになる。

（2）連帯納付義務の解除

　次の場合には連帯納付義務は解除される。

①　申告期限から５年を経過した場合

　　ただし、申告期限から５年の間に連帯納付義務の履行を求められている場合は除く。

②　納税義務者が延納または納税猶予の適用を受けた場合

　　その延納許可税額や納税猶予許可税額についての連帯納付義務が解除される。

第**4**章

相続税・贈与税の申告と納付

POINT!

５年を超過したら連帯納付義務は解除される。

(1) 法定相続人が3人、相続財産が現金預金と生命保険金のみで生命保険金等の非課税規定適用後の遺産総額が4,800万円の場合には相続税の申告が必要である。

(2) 相続税の申告期限までに遺産が分割されていない場合には遺産を分割したときに期限後申告書を提出すればよい。

(3) 金銭一括納付が困難で延納が認められるかどうかは、相続開始前から相続人が所有していた財産の状況も考慮される。

(4) 相続税の延納税額が50万円未満かつ延納期間が5年以下である場合担保の提供は不要になる。

(5) 不動産等の割合を計算する場合の不動産等とは不動産、不動産の上に存する権利、立木、事業用の減価償却資産および特定の同族会社の株式または出資をいう。

(6) 物納財産の収納価額は収納時における相続税評価額である。

(7) 隣地との境界線が明確でない土地は買主を見つけるのが困難なため、管理処分不適格財産に該当する。

(8) 小規模宅地等の特例の適用を受けた宅地の収納価額は特例適用前の価額である。

(9) 物納は税務署長からその許可があった日に納付があったものとされる。

(10) 相続税を延納している者が、資力の状況の変化により延納による納付が困難となった場合には、相続税の申告期限から10年以内に限り、延納税額からその納期限の到来した分納税額を控除した残額を限度として物納を選択することができる。

解答

(1) ×	(2) ×	(3) ○	(4) ×	(5) ○
(6) ×	(7) ○	(8) ×	(9) ×	(10) ○

第**5**章

不動産の評価

過去の出題状況	2022.5	2022.9	2023.1	2023.5	2023.9	2024.1
宅地および宅地の上に存する権利		☆	☆	☆		☆
使用貸借						
小規模宅地の特例	☆	☆			☆	

1．宅地および宅地の上に存する権利

　宅地の基本評価

　私道の評価

　貸家建付地

　借地権等の評価

　使用貸借の場合の取扱い

　地積規模の大きな宅地の評価

2．小規模宅地等の特例

　特定事業用宅地等

　特定居住用宅地等

1 宅地および宅地の上に存する権利

1 評価単位

1画地の宅地（利用の単位となっている1区画の宅地をいう）ごとに評価する。

2 路線価方式—市街地（路線価の付いている）宅地の評価方法

路線価 × 地積

路線価とは、位置、形状等がその路線に面する標準的な画地1㎡当たりの価額（単位：千円）として、国税局長が評定する。

（1）1つの路線にしか面していない宅地

路線価 × 奥行価格補正率 × 地積

（2）2つの路線（正面と側方）に面している宅地

① 正面路線価 × 奥行価格補正率
② 側方路線価 × 奥行価格補正率 × 側方路線影響加算率
③ （①＋②）× 地積

（注）正面路線の判定
　　　（路線価×奥行価格補正率）の金額の最も高いものを正面路線とする。

（3）2つの路線（正面と裏面）に面している宅地

① 正面路線価 × 奥行価格補正率
② 裏面路線価 × 奥行価格補正率 × 二方路線影響加算率
③ （①＋②）× 地積

3 倍率方式—上記以外の宅地の評価

固定資産税評価額 × 倍率

倍率方式とは、その宅地の固定資産税評価額に、国税局長が定めた一定の倍率を乗じて計算した金額により評価する方法である。

■設例

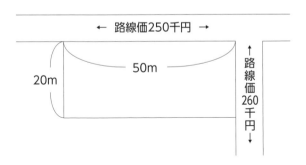

次のA宅地の評価額を計算しなさい。

A宅地

← 路線価250千円 →

50m

20m

路線価260千円

〔資　料〕

1. 奥行価格補正率

12m以上14m未満……0.99

14m以上48m未満……1.00

48m以上52m未満……0.96

2. 側方路線影響加算率

角　地……0.10

【解　答】

① 正面路線の判定は、路線価に奥行価格補正率を乗じた金額で行わなければならない。

宅地

250千円×1.00＝250　千円 ┐
260千円×0.96＝249.6千円 ┘ ─ 250千円の路線が正面路線となる

② 上記により宅地の価額は、次のとおりとなる。

宅地（250千円×1.00＋260千円×0.96×0.10）×50m×20m＝274,960千円

---

4 私道の評価

（1）特定の者の通行の用に供される私道

自用地としての価額 × 30%

（2）不特定多数の者の通行の用に供される私道

評価しない

5 宅地の上に存する権利

（1）自己所有の宅地を他に賃貸した場合
①　財産の名称
  (a)　借　主……借地権
  (b)　貸　主……貸宅地
②　財産の評価
  (a)　借地権

> 自用地としての価額 × 借地権割合

  (b)　貸宅地

> 自用地としての価額 ×（1−借地権割合）

  (注)　国税局長が貸宅地割合を定めている地域

> 自用地としての価額 × 貸宅地割合

（2）自己所有の宅地の上に家屋を建ててその家屋を他に賃貸した場合
①　財産の名称
  (a)　借　主……借家人の有する宅地等に対する権利
  (b)　貸　主……貸家建付地
②　財産の評価
  (a)　借家人の有する宅地等に対する権利

> 自用地としての価額 × 借地権割合 × 借家権割合 × 賃借割合

  (b)　貸家建付地

> 自用地としての価額 ×（1− 借地権割合 × 借家権割合 × 賃貸割合※）
>
> ※　賃貸割合 ＝ $\dfrac{\text{Aのうち課税時期において賃貸されている各独立部分の床面積の合計}}{\text{当該家屋の各独立部分の床面積の合計（A）}}$

（3）借地権の上に家屋を建ててその家屋を他に賃貸した場合
①　財産の名称
  (a)　借　主……借家人の有する宅地等に対する権利
  (b)　貸　主……貸家建付借地権
②　財産の評価
  (a)　借家人の有する宅地等に対する権利

> (2) の②の(a)と同じ公式により評価する

(b) 貸家建付借地権

$$自用地としての価額 × 借地権割合 × （1 － 借家権割合 × 賃貸割合）$$

（4）借地権を他に賃貸した場合
① 財産の名称
(a) 借 主……転借権
(b) 貸 主……転貸借地権
② 財産の評価
(a) 転借権

$$自用地としての価額 × 借地権割合 × 借地権割合$$

(b) 転貸借地権

$$自用地としての価額 × 借地権割合 × （1 － 借地権割合）$$

（5）転借権の上に家屋を建ててその家屋を他に賃貸した場合
① 財産の名称
(a) 借 主……借家人の有する宅地等に対する権利
(b) 貸 主……貸家建付転借権
② 財産の評価
(a) 借家人の有する宅地等に対する権利

$$自用地としての価額 × 借地権割合 × 借地権割合 × 借家権割合 × 賃借割合$$

(b) 貸家建付転借権

$$自用地としての価額 × 借地権割合 × 借地権割合 × \left(1 － 借家権割合 × 賃貸割合 \right)$$

6 使用貸借

土地、建物等を無償で貸し借りすることを使用貸借という。

（1）使用貸借に該当する場合
使用貸借は無償による貸し借りであるが、通常必要とされる費用（固定資産税等）に相当する金額以下の金銭の授受があるにすぎない場合は、使用貸借に該当する。

（2）宅地の評価（宅地の使用貸借があった場合）
① 貸主の有する財産 ⇒ 自用地としての価額

② 借主の有する財産 ⇒ ゼロ評価

（3）家屋の評価
① 家屋の使用貸借があった場合
  (a) 貸主の有する財産 ⇒ 自用家屋としての価額
  (b) 借主の有する財産 ⇒ ゼロ評価
② 使用貸借により借り受けた宅地等の上に存する家屋
  その家屋の自用、貸付の区分に応じて自用家屋または貸家の評価をする。

（4）土地の無償返還に関する届出書が提出されている場合の取扱い
　個人間の土地の貸借について「使用貸借」という制度があるが、個人と法人間における土地の貸借についても「無償返還」を約束し、その事実を税務署長に届け出ることができる。この場合の借地権と貸宅地の評価は、次のとおりである。

借 地 権	ゼロ（0）
貸 宅 地	自用地としての価額 $\times \dfrac{80}{100}$

7 家屋および家屋の上に存する権利

（1）評価単位
　原則として、1棟の家屋ごとに評価する。

（2）評 価
① 自用家屋

$$固定資産税評価額 \times 倍率（1.0）$$

② 貸 家

$$自用家屋としての価額 \times （1 - 借家権割合 \times 賃貸割合）$$

③ 借家権

$$自用家屋としての価額 \times 借家権割合 \times 賃借割合$$

（注）権利金等の名称をもって取引される慣行のない地域における借家権は課税価格に算入しない。

④ 建築中の家屋

$$費用現価^{※} \times \dfrac{70}{100}$$

※　費用現価とは、課税時期までに投下した費用の額を課税時期の価額に引き直した額の合計額をいう。

8 地積規模の大きな宅地の評価

　地積規模の大きな宅地とは、三大都市圏においては500㎡以上の地積の宅地、三大都市圏以外の地域においては1,000㎡以上の地積の宅地のことをいう。

　次の(1)から(4)のいずれかに該当する宅地は、地積規模の大きな宅地から除かれる。

(1)　市街化調整区域（都市計画法第34条第10号または第11号の規定に基づき宅地分譲に係る同法第4条第12項に規定する開発行為を行うことができる区域を除く）に所在する宅地

(2)　都市計画法の用途地域が工業専用地域に指定されている地域に所在する宅地

(3)　指定容積率が400％（東京都の特別区においては300％）以上の地域に所在する宅地

(4)　財産評価基本通達22-2に定める大規模工事用地

　地積規模の大きな宅地の評価の対象となる宅地は、路線価地域に所在するものについては、地積規模の大きな宅地のうち、普通商業・併用住宅地区および普通住宅地区に所在するものとなる。また、倍率地域に所在するものについては、地域規模の大きな宅地に該当する宅地であれば対象となる。

路線価地域に所在する場合

> 路線価×奥行価格補正率×不整形地補正率等×規模格差補正率×地積（㎡）

倍率方式に所在する場合

　地積規模の大きな宅地の評価の対象となる宅地については、次に掲げる①の価額と②の価額のいずれか低い価額により評価する。

> ①　その宅地の固定資産税評価額×評価倍率
> ②　その宅地が標準的な間口・奥行距離を有する宅地であるとした場合の1㎡当たりの価額×普通住宅地区の奥行価格補正率×不整形地補正率等×規模格差補正率×地積（㎡）

　規模格差補正率は、次の算式により計算する（小数点以下第2位未満切捨て）。

$$規模格差補正率 = \frac{A \times B + C}{地積規模の大きな宅地の地積（A）} \times 0.8$$

　上記算式中の「B」および「C」は、地積規模の大きな宅地の所在する地域に応じて、それぞれ下表のとおりとする。

(1)　三大都市圏に所在する宅地

地積	普通商業・併用住宅地区、普通住宅地区	
	B	C
500㎡以上1,000㎡未満	0.95	25
1,000㎡以上3,000㎡未満	0.9	75
3,000㎡以上5,000㎡未満	0.85	225
5,000㎡以上	0.8	475

(2)　三大都市圏以外の地域に所在する宅地

地積	普通商業・併用住宅地区、普通住宅地区	
	B	C
1,000㎡以上3,000㎡未満	0.9	100
3,000㎡以上5,000㎡未満	0.85	250
5,000㎡以上	0.8	500

POINT!

・借地権、貸宅地および貸家建付地の評価と、名称は確実におさえる。
・使用貸借により貸付けている土地は、自用地として評価する。

2 小規模宅地等の特例

1 制度の概要

①	個人が相続または遺贈により財産を取得した場合 （贈与税においては適用なし）		
②	被相続人または被相続人と生計を一にする親族の	居住用 事業用 不動産貸付事業用	建物・構築物の敷地
③	一定の地積について一定の割合を減額する		
④	注意点	・相続税の申告期限までに、遺産分割が完了していること ・ただし、申告期限から3年以内に分割された場合は、適用がある	
		相続税の申告を要件とする	

■減額割合、対象の面積

利用状況	適用対象	減額割合	対象地積
事業用	特定事業用宅地等	80/100	400㎡
	特定同族会社事業用宅地等		
居住用	特定居住用宅地等	80/100	330㎡
貸付用	不動産貸付用宅地等	50/100	200㎡

2 特定事業用宅地等である小規模宅地等

相続開始直前の 利用状況の区分	取　得　者	継続要件（申告期限）		備　考
		事　業	所　有	
被相続人の 事業用宅地等	事業を承継した親族	○	○	
同一生計親族の 事業用宅地等	同一生計親族	○	○	※

※　事業を営んでいる本人（同一生計親族）が取得した場合に限り80％減額の対象となる。

(注)　事業からは、不動産貸付業等を除く。

①　相続開始前3年以内に被相続人等の事業の用に供されていた宅地等を除く。

②　相続開始前3年以内に新たに事業の用に供された宅地等であっても、一定の規模以上の事業[1]を行っていた被相続人等の事業の用に供された宅地等については、3年以内事業宅地等に該当しない。

＊1　一定規模以上の事業とは、次の算式を満たす場合におけるその事業をいう。

（算式）

$$\frac{下記の事業の用に供されていた一定の資産^{*2}のうち被相続人等が有していたものの相続開始時の価額の合計額}{新たに事業の用に供された宅地等の相続開始時の価額} \geqq 15\%$$

＊2　上記の「一定の資産」とは、次に掲げる資産（当該資産のうちに当該事業の用以外の用に供されていた部分がある場合には、その事業の用に供されていた部分に限る。）をいう。

1．その宅地等の上に存する建物又は構築物

2．所得税法第2条第1項第19号に規定する減価償却資産でその宅地等の上で行われるその事業に係る業務の用に供されていたもの（上記1．に掲げるものを除く。）

３ 特定同族会社事業用宅地等である小規模宅地等

取　得　者	継続要件（申告期限）	
	事　業（法人）	所　有（親族）
申告期限において役員である親族	○	○

① その法人が特定同族会社に該当するか否かの判定

判定の時期	判　　定
相続開始直前	被相続人とその親族の持株割合の合計が50％超

② その法人が営む事業からは、不動産貸付業等を除く。

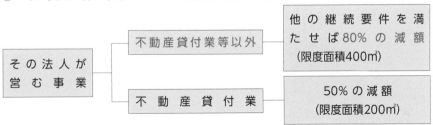

③ 被相続人または同一生計親族からの法人に対する貸付けは、賃貸借に限る。

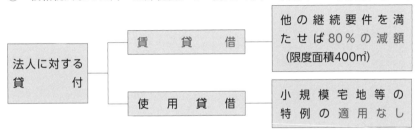

4 貸付事業用宅地等である小規模宅地等

被相続人の貸付事業（不動産貸付業その他所定のものに限る。以下同じ）の用に供されていた宅地等で、以下の要件のいずれかを満たすその被相続人の親族が相続または遺贈により取得したもの。

① その親族が、相続開始時から申告期限までの間にその宅地等に係る被相続人の貸付事業を引き継ぎ、申告期限まで引き続きその宅地等を有し、かつ、その貸付事業の用に供していること。

② その被相続人の親族がその被相続人と生計を一にしていた者であって、相続開始時から申告期限まで引き続きその宅地等を有し、かつ、相続開始前から申告期限まで引き続きその宅地等を自己の貸付事業の用に供していること。

（注）相続開始前3年以内に貸付事業の用に供された宅地等（相続開始前3年を超えて事業的規模で貸付事業を行っている者が当該貸付事業の用に供しているものを除く）を除外する。

5 特定居住用宅地等である小規模宅地等

相続開始直前の利用状況の区分	取　得　者		継続要件（申告期限）		備　考
			居　住	所　有	
被相続人の居住用宅地等	(1)	配　偶　者	×	×	※1
	(2)	同　居　親　族	○	○	
	(3)	非　同　居　親　族	×	○	※2
同一生計親族の居住用宅地等	(1)	配　偶　者	×	×	※1
	(2)	同　一　生　計　親　族	○	○	※3

※1 常に80%減額の対象となる（要件なし）。

※2 非同居親族が取得した場合は以下の要件も必要となる。

① 被相続人に配偶者および同居する法定相続人がいない。

② 相続開始前3年以内に日本国内にあるその者またはその者の配偶者が所有する家屋に居住したことがないこと。

③ 相続開始前3年以内にその者の3親等内の親族またはその者と特別な関係のある法人が所有する国内にある家屋に居住したことがないこと。

④ 相続開始時において居住の用に供していた家屋を過去に所有していたことがないこと。

⑤ 制限納税義務者で日本国籍を有しない者以外の者であること。

※3 居住の用に供していた本人（同一生計親族）が取得した場合に限り80%減額の対象となる。

なお、被相続人からの同一生計親族に対する宅地等の貸付けが使用貸借契約でなければ、特定居住用宅地等に該当しない。

（1）非同居親族が取得して特例を受ける具体例

① 相続開始時における被相続人甲の相続人等の状況は、次のとおりである。

（注）配偶者乙は、相続開始前に死亡している。

② 被相続人甲は、次の宅地および家屋を所有していた。

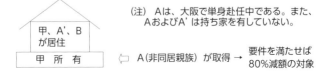

（2）一棟の建物の敷地の一部が特定居住用宅地等である場合

一棟の建物の敷地の用に供されていた宅地等のうちに特定居住用宅地等の要件に該当する部分とそれ以外の部分がある場合には、部分ごとに評価額を面積按分して軽減金額を計算することとされる。

（注）特定居住用宅地等は、主として居住の用に供されていた一の宅地等に限られる。

（3）二世帯住宅の場合

構造上区分された（区分所有建物を除く）二世帯住宅の敷地の用に供されている宅地等を、その二世帯住宅に居住している被相続人の親族が取得した場合には、その親族は被相続人と同居していたものとして扱われる。したがって、その親族が申告期限までその宅地等の所有および居住を継続していれば、その宅地等は特定居住用宅地等に該当し、特例の適用が受けられる。

（4）老人ホームに入所した場合

相続開始時に被相続人が終身利用権付の老人ホームに入所している場合などであっても、次の要件を満たしている場合には、従前の居宅の敷地は、相続開始時において被相続人の居住の用に供されていたものとして、特定居住用宅地等の適用対象となる。

> イ　被相続人に介護が必要なため入所したものであること
> ロ　その家屋（従前の居宅）が貸付け等の用途に供されていないこと

6 共有持分で取得した場合

共有で取得した宅地等は、取得者ごとに減額の対象となるかどうかの判定をし、その要件を満たす者が取得した持分については、小規模宅地等の減額の対象となる。

7 未分割の宅地等

相続税の申告期限までに遺産が未分割の宅地等には適用されない。ただし、未分割の宅地等について申告期限から3年以内に分割された場合は適用できる。

8 小規模宅地等の選択

小規模宅地等の特例の対象となる宅地等が複数ある場合、どの宅地に特例を適用するかは、相続人が自由に選択することができる。その選択に応じて限度面積の判定は次のようになる。

① 特定事業用宅地等と特定居住用宅地等の両方を評価減の対象に選択する場合はそれぞれの適用対象面積まで併用して適用できる。

特定居住用宅地等（330㎡）＋特定事業用宅地等（400㎡）＝730㎡まで適用が可能である。

② 評価減の特例を受けるものとして選択した宅地等のうちに貸付事業用宅地等がある場合には、次の算式により併用可能面積の調整を行う。

$$特定事業用宅地等の面積 \times \frac{200㎡}{400㎡} + 特定居住用宅地等の面積 \times \frac{200㎡}{330㎡}$$

$$+ 貸付事業用宅地等の面積 \leq 200㎡$$

なお、特例対象宅地等を取得したすべての者がその宅地等を選択適用することについての同意がなければこの特例の適用はない。

第
5
章

不動産の評価

POINT!

特定居住用宅地等の要件は確実におさえる。

(1) 正面と側面に路線がある宅地を路線価方式で評価する際の正面路線とは、路線価の高い方の路線をいう。

(2) 私道が不特定多数の者の通行の用に供されているときはその私道の価額は評価しない。

(3) 貸家建付地の評価は自用地としての評価額から自用地としての評価額に借家権割合を乗じて計算した借家人の権利を控除して計算する。

(4) 貸宅地の評価は自用地としての評価額から自用地としての評価額に借地権割合を乗じて計算した借地権を控除して計算する。

(5) 使用貸借により貸付けている宅地の評価は「自用地評価」である。

(6) 借地権が設定されている土地について「無償返還の届出書」が税務署長に提出されている場合、その借地権の評価はゼロである。

(7) 建物または構築物の敷地の用に供されていない青空駐車場や資材置き場も事業の用に供している限り小規模宅地等の評価減が適用できる。

(8) 事業的規模であるビルの賃貸業を営んでいた者と同居している長男がその事業の用に供されていた宅地を取得し、事業を引き継ぎ、かつ申告期限まで事業を継続し、宅地の所有を継続している場合には、特定事業用宅地等として80%減額の対象となる。

(9) 相続財産のうちに特定事業用宅地等と特定居住用宅地等がある場合には、特定事業用宅地等が400㎡まで、特定居住用宅地等が330㎡まで、合計で最高730㎡までが小規模宅地等の特例の適用対象となる。

(10) 一の宅地等について共同相続があった場合には、取得した者ごとに小規模宅地等の特例の適用の有無を判定する。

解答

| (1) × | (2) ○ | (3) × | (4) ○ | (5) ○ |
| (6) ○ | (7) × | (8) × | (9) ○ | (10) ○ |

第6章

株式その他の財産評価

過去の出題状況	2022.5	2022.9	2023.1	2023.5	2023.9	2024.1
評価方式の判定	☆	☆			☆	
類似業種比準方式	☆	☆	☆			☆
純資産価額方式	☆	☆	☆		☆	☆
配当還元方式	☆	☆				
特定の評価会社	☆	☆	☆			
金融資産等の評価				☆		☆

1．上場株式の評価

2．取引相場のない株式
評価方法の判定
類似業種比準方式
純資産価額方式
配当還元方式
特定の評価会社

3．その他の財産評価

1 上場株式

1 評価単位

1株ごとに評価する。

2 原則的な評価

(1) 1株当たりの価額

次に掲げる金額のうち最も低い金額

① 課税時期（死亡日または贈与日）の最終価格
② 課税時期の属する月の毎日の最終価格の月平均額
③ 課税時期の属する月の前月の毎日の最終価格の月平均額
④ 課税時期の属する月の前々月の毎日の最終価格の月平均額

(2) 課税時期に最終価格がない場合の最終価格

課税時期の前日以前または翌日以後の最終価格のうち、課税時期に最も近い日の最終価格

（注）その最終価格が2ある場合には、その平均額（円未満切捨て）

(3) 2以上の金融商品取引所に上場されている場合の最終価格

納税義務者が選択した金融商品取引所の最終価格

POINT!

4つの価額のうち最も低い価額で評価する。

2 取引相場のない株式

1 評価単位

1株ごとに評価する。

2 評価方式の判定

株式の取得者について取得後の議決権割合によって判定する。

■株式取得者の態様による評価方式の区分

株式取得者の態様					評価方式
同族株主のいる会社	同族株主	取得後の議決権割合5％以上			原則的評価方式
		取得後の議決権割合5％未満	中心的な同族株主がいない場合		
			中心的な同族株主がいる場合	中心的な同族株主	
				役　　員	
				そ　の　他	特例的評価方式
	同族株主以外の株主				
同族株主のいない会社	議決権割合の合計が15％以上のグループに属する株主	取得後の議決権割合5％以上			原則的評価方式
		取得後の議決権割合5％未満	中心的な株主がいない場合		
			中心的な株主がいる場合	役　　員	
				そ　の　他	特例的評価方式
	議決権割合の合計が15％未満のグループに属する株主				

(1) 手順1

■同族株主の意義

> 株主の1人およびその同族関係者の有する議決権の合計数が、その会社の議決権数総数の30％以上（50％超）である場合におけるその株主およびその同族関係者をいう。

（注1）同族関係者とは、基本的には親族をいう。

（注2）まず、50％超で判定し、50％超で判定して同族株主がいない場合には30％以上で判定する。

(2) 手順2

① 同族株主のいる会社

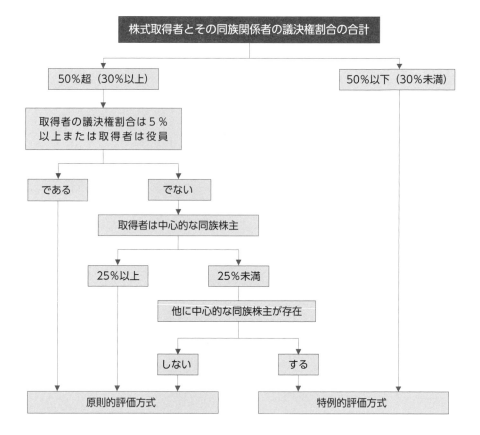

■中心的な同族株主の意義

同族株主1人ならびにその株主の配偶者、直系血族、兄弟姉妹および1親等の姻族（子の配偶者、配偶者の親）の有する議決権の合計数がその会社の議決権総数の25％以上である場合におけるその株主をいう。

② 同族株主のいない会社

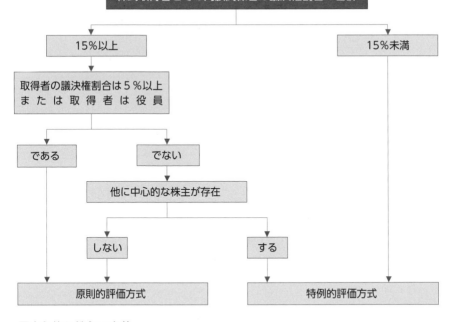

■中心的な株主の意義

株主の1人およびその同族関係者の有する株式数がその会社の議決権総数の15％以上である株主グループのうち、いずれかのグループに単独でその会社の議決権総数の10％以上の議決権を有している株主がいる場合におけるその株主をいう。

3 原則的評価方式

■株式の発行会社の規模に応ずる評価方式の区分

評価方式\発行会社の規模	原則的評価方式	
	通常の評価方式	選択できる評価方式
大会社	類似業種比準方式	純資産価額方式
中会社	類似業種比準方式と純資産価額方式との併用方式（Lの割合0.90、0.75、0.60）	左の類似業種比準方式につき純資産価額方式をとる方法
小会社	純資産価額方式	類似業種比準方式と純資産価額方式との併用方式（Lの割合0.50）

（注1） 発行会社の規模の判定

① 従業員数が70人以上の会社は、常に大会社とする。

② 従業員数が70人未満の会社は、発行会社の総資産価額（帳簿価額によって計算した金額）および従業員数と直前期末以前1年間における取引金額により大会社、中会社および小会社に分類される。

（注2）従業員数には役員（いわゆる平取締役を除く）を含めず、次の算式により計算する。

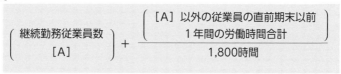

$$\left(\begin{array}{c}\text{継続勤務従業員数}\\ [A]\end{array}\right) + \frac{\text{[A] 以外の従業員の直前期末以前}}{1,800\text{時間}}\text{1年間の労働時間合計}$$

■判定表

<table>
<tr><td rowspan="5">判定基準</td><td colspan="2">a．直前期末以前1年間における従業員数に応ずる区分</td><td colspan="8">70人以上の会社は、大会社（bおよびcは不要）</td></tr>
<tr><td colspan="2"></td><td colspan="8">70人未満の会社は、bおよびcにより判定</td></tr>
<tr><td colspan="4">b．直前期末の総資産価額（帳簿価額）および直前期末以前の1年間における従業員に応ずる区分</td><td colspan="4">c．直前期末以前1年間の取引金額に応ずる区分</td><td rowspan="2">会社規模とLの割合（中会社）の区分</td></tr>
<tr><td colspan="3">総資産価額（帳簿価額）</td><td rowspan="2">従業員数</td><td rowspan="2">卸売業</td><td rowspan="2">小売・サービス業</td><td rowspan="2">左記以外の業種</td></tr>
<tr><td>卸売業</td><td>小売・サービス業</td><td>左記以外の業種</td></tr>
<tr><td></td><td>20億円以上</td><td>15億円以上</td><td>15億円以上</td><td>35人超</td><td>30億円以上</td><td>20億円以上</td><td>15億円以上</td><td>大会社</td></tr>
<tr><td></td><td>4億円以上20億円未満</td><td>5億円以上15億円未満</td><td>5億円以上15億円未満</td><td>35人超</td><td>7億円以上30億円未満</td><td>5億円以上20億円未満</td><td>4億円以上15億円未満</td><td>0.90</td></tr>
<tr><td></td><td>2億円以上4億円未満</td><td>2.5億円以上5億円未満</td><td>2.5億円以上5億円未満</td><td>20人超35人以下</td><td>3.5億円以上7億円未満</td><td>2.5億円以上5億円未満</td><td>2億円以上4億円未満</td><td>0.75</td></tr>
<tr><td></td><td>7,000万円以上2億円未満</td><td>4,000万円以上2.5億円未満</td><td>5,000万円以上2.5億円未満</td><td>5人超20人以下</td><td>2億円以上3.5億円未満</td><td>6,000万円以上2.5億円未満</td><td>8,000万円以上2億円未満</td><td>0.60</td></tr>
<tr><td></td><td>7,000万円未満</td><td>4,000万円未満</td><td>5,000万円未満</td><td>5人以下</td><td>2億円未満</td><td>6,000万円未満</td><td>8,000万円未満</td><td>小会社</td></tr>
<tr><td></td><td colspan="8">（注）「会社規模とLの割合（中会社）の区分」は、b欄の区分（「総資産価額（帳簿価額）」と「従業員数」とのいずれか下位の区分）とc欄の区分とのいずれか上位の区分により判定する。</td></tr>
</table>

<table>
<tr><td rowspan="2">判定</td><td rowspan="2">大　会　社</td><td colspan="3">中　会　社</td><td rowspan="2">小　会　社</td></tr>
<tr><td colspan="3">Ｌ　の　割　合</td></tr>
<tr><td></td><td></td><td>0.90</td><td>0.75</td><td>0.60</td><td></td></tr>
</table>

（注）Lの割合：評価会社の直前期末における総資産価額（帳簿価額）および直前期末以前1年間における従業員数に応ずる割合、または直前期末以前1年間における取引金額に対応する割合のうち、いずれか多い方の割合。

<table>
<tr><td>大　会　社</td><td>(1)　類似業種比準価額
(2)　純資産価額
(3)　(1)、(2) のいずれか低い金額</td></tr>
<tr><td>中　会　社</td><td>(1)　類似業種比準価額×Lの割合＋純資産価額×（1－Lの割合）
(2)　純資産価額×Lの割合＋純資産価額×（1－Lの割合）
(3)　(1)、(2) のいずれか低い金額</td></tr>
</table>

小 会 社	(1) 純資産価額
	(2) 類似業種比準価額×0.5＋純資産価額×0.5
	(3) (1)(2)のいずれか低い金額

（注1）株式を取得した者の同族関係者グループの議決権割合が50％以下の場合には、純資産価額に100分の80を乗ずる（円未満切捨て）。

（注2）Lの割合（評通179）：直前期末における総資産価額（帳簿価額によって計算した金額）および従業員数とのいずれか下位の区分に応ずる割合と直前期末以前1年間における取引金額に応ずる割合のいずれか大きい方の割合による（0.90、0.75、0.60の3段階の割合）。

（注3）純資産価額は、1株当たりの純資産価額であり、相続税評価額によって評価した金額である。

4 類似業種比準方式

■類似業種比準方式の計算式

$$A \times \frac{\frac{b}{B} + \frac{c}{C} + \frac{d}{D}}{3} \times E \times \frac{1株当たりの資本金の額等}{50 円}$$

A→類似業種の株価
B→類似業種1株当たりの配当金額
C→類似業種1株当たりの年利益金額
D→類似業種1株当たりの純資産価額
b→評価会社1株当たりの配当金額
c→評価会社1株当たりの年利益金額
d→評価会社1株当たりの純資産価額
E→斟酌率　大会社0.7、中会社0.6、小会社0.5

A＝類似業種の株価は、次の金額のうち最も低い金額
① 課税時期の属する月の類似業種の株価
② 課税時期の属する月の前月の類似業種の株価
③ 課税時期の属する月の前々月の類似業種の株価
④ 類似業種の前年の平均株価
⑤ 課税時期の属する月以前2年間の平均株価

B、C、D＝連結会計上の数字

b＝直前期末における評価会社の１株（50円）当たりの配当金額

$$\frac{直前期末以前２年間の配当金額（無配は０円とし、特別配当等で臨時のものを除く）\times\frac{1}{2}}{直前期末における発行済み株式数（１株当たりの資本金の額等を50円とした場合）}$$

c＝直前期末以前１年間における評価会社の１株（50円）当たりの利益金額

$$\frac{\left.\begin{array}{l}直前期末以前１年間の利益金額\\直前期末以前２年間の利益金額の合計額\times\frac{1}{2}\end{array}\right\}\begin{array}{l}いずれか\\低い金額\end{array}}{直前期末における発行済株式数（１株当たりの資本金の額等を50円とした場合）}$$

（注）「利益金額」には、固定資産売却益等の非経常的なものを除く。

d＝直前期末における評価会社の１株（50円）当たりの純資産価額（帳簿価額によって評価した金額）

$$\frac{直前期末における資本金額、資本積立金額、利益積立金額の合計額}{直前期末における発行済株式数（１株当たりの資本金の額等を50円とした場合）}$$

5 純資産価額方式

■純資産価額方式の計算式

$$\frac{(A-B)-\{(A-B)-(C-D)\}\times37\%}{E}$$

A→課税時期における相続税評価額で計算した総資産額
B→課税時期における相続税評価額で計算した負債額（引当金等を除く）
C→課税時期における帳簿価額による総資産額
D→課税時期における帳簿価額による負債額（引当金等を除く）
E→課税時期における議決権総数

（１）純資産価額の特徴

① 資産の含み益が株価に反映される。
② 課税時期に会社を清算したと仮定する清算所得の考え方をとり、評価差額を法人税法上の清算所得とみてこの評価差額の37％を清算所得に課せられるべき法人税相当額として、相続税評価額による純資産価額からマイナスする。

(2) 算定上の留意点

　評価会社が所有する各資産を評価する場合、その資産のなかに、課税時期前3年以内に取得または新築した土地等または建物等があるときは、これらの価額は「通常の取引価額」により評価することとなる。

　この純資産価額（相続税評価額によって計算した金額）は、帳簿価額のない無償取得による借地権、特許権、営業権等についても評価基本通達の定めによって評価する必要がある反面、繰延資産のうち、財産性のないものについては帳簿価額があるものであっても評価を要しないなど、類似業種比準価額の計算に用いる直前期末における1株当たりの純資産価額（帳簿価額によって計算した金額）とは異なる。

　評価会社が、現物出資や合併で受け入れた資産（取引相場のない株式、出資、転換社債など）を有する場合において、これらの資産の純資産価額を計算するときには、評価差額に対する法人税等相当額は控除しない。

6 特例的評価方式

　特例的評価方式は、配当還元価額により評価する方法である。配当金の額を10％で割り戻すことで株式の評価額を計算する。

$$\frac{その株式に係る年配当金額^※}{10\%} \times \frac{1株当たりの資本金の額等}{50円}$$

※　その株式に係る年配当金額は下記のように計算し、算出された金額が2円50銭未満となる場合または無配の場合には、2円50銭とする。

$$\frac{直前期末以前2年間の配当金額（無配は0円とし、特別配当等で臨時のものを除く）\times \frac{1}{2}}{直前期末における発行済株式数（1株当たりの資本金の額を50円とした場合）}$$

▉ 特定の評価会社の株式

（1）特定の評価会社の判定

① 判定手順

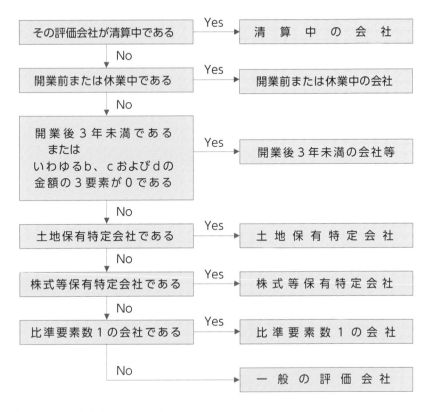

② 比準要素数1の会社の意義

　　類似業種比準方式により株式を評価する時の比準要素であるb（1株当たりの配当金額）、c（1株当たりの利益金額）およびd（1株当たりの純資産価額（帳簿価額によって計算した金額））のそれぞれの金額のうち、いずれか2が0であり、かつ、直前々期末を基準にして計算した場合にも、それぞれの金額のうち、いずれか2以上が0である評価会社。

③ **株式等保有特定会社の意義**

株式等保有特定会社とは、次のイの算式により計算した割合が次のロに掲げる割合以上となる会社をいう。

> イ $\dfrac{\text{評価会社の有する株式等の相続税評価額の合計額}}{\text{評価会社の有する各資産の相続税評価額の合計額}}$
>
> ロ　大会社・中会社・小会社　50%

④ **土地保有特定会社の意義**

土地保有特定会社とは、次のイの算式により計算した割合が次のロに掲げる割合以上となる会社をいう。

> イ $\dfrac{\text{評価会社の有する土地等の相続税評価額の合計額}}{\text{評価会社の有する各資産の相続税評価額の合計額}}$
>
> ロ $\begin{cases} \text{大会社} & 70\% \\ \text{中会社} & 90\% \end{cases}$

（注）小会社は、一定の場合を除き、土地保有特定会社に該当することはない。

⑤ **開業後3年未満の会社等の意義**

> イ　開業後3年未満であるもの
>
> ロ　1株当たりの配当金額（bの金額）、1株当たりの利益金額（cの金額）および1株当たりの純資産価額（dの金額）の3要素が0であるもの

（注）配当金額（bの金額）および利益金額（cの金額）については、直前期末以前2年間の実績を反映して判定する。

(2) 特定の評価会社の株式の評価

特定の評価会社の株式は、原則として純資産価額により評価する。

POINT!

・同族株主がいる会社の評価は完全に理解すること。
・会社規模に応ずる評価方式の区分と各評価方法の計算をおさえる。
・株式および土地保有特定会社の意義をおさえる。

同族株主が取得	類似業種比準方式・純資産価額方式・併用方式のいずれかとなる
同族株主以外が取得	配当還元方式

3 その他の財産の評価

区分		評価方法	
生命保険契約に関する権利		解約返戻金相当額	
定期金に関する権利（給付事由の発生している場合）	有期定期金	イ．解約返戻金相当額	イ～ハのいずれか多い金額
		ロ．定期金に代えて一時金の給付を受けることができる場合には、当該一時金相当額	
		ハ．給付を受けるべき金額の1年当たりの平均額×残存期間に応じた予定利率による複利年金現価率	
	無期定期金	イ．解約返戻金相当額	イ～ハのいずれか多い金額
		ロ．定期金に代えて一時金の給付を受けることができる場合には、当該一時金相当額	
		ハ．給付を受けるべき金額の1年当たりの平均額÷予定利率	
	終身定期金	イ．解約返戻金相当額	イ～ハのいずれか多い金額
		ロ．定期金に代えて一時金の給付を受けることができる場合には、当該一時金相当額	
		ハ．給付を受けるべき金額の1年当たりの平均額×平均余命に応じた予定利率による複利年金現価率	
	保証期間付終身定期金	イ．有期定期金として評価した金額	イまたはロのいずれか多い金額
		ロ．終身定期金として評価した金額	
利付公社債（券面額100円当たりの評価）	上場または基準気配銘柄	課税時期の上場価格（最終価格）または気配価格 ＋ 源泉所得税等控除後の既経過利息額	
	その他	発行価格＋源泉所得税等控除後の既経過利息額	
上場証券投資信託（ETF等）		上場株式に準じた評価額	
不動産投資信託証券等（J-REIT）		上場株式に準じた評価額	
預貯金	定期預金等以外で既経過利息が少額なもの	預入残高	
	定期預金等	預入残高＋既経過利子の額※	
動産		売買実例価額	

書画骨董	販売業者の所有するもの	棚卸資産として評価
	その他	売買実例価額、精通者意見価額等を参酌して評価
ゴルフ会員権	取引相場のあるもの	通常の取引価額×70% ただし取引価格に含まれない預託金等があるときは預託金等の評価額との合計額とする

※　既経過利子の額は下記のとおりである。

課税時期における解約利子の額 − 源泉所得税等相等額

POINT!

相続、遺贈または贈与により取得したときにおける時価が財産評価の原則である。

(1) 同族株主のいない会社については、自社株の評価はすべて特例的評価方法による。

(2) 中心的な同族株主であっても、持株割合によって自社株は特例的評価方法になる場合がある。

(3) 株主グループの議決権割合が30％以上の場合には、その株主グループに属する株主は常に同族株主となる。

(4) 類似業種比準価額は、高収益・高配当の会社ほど株価が高くなるが、株式市況の動向に左右される部分もある。

(5) 類似業種比準価額は配当金額・利益金額・時価純資産価額の３つの比準要素として比準価額を求め、大会社の場合斟酌率0.7を乗じて計算される。

(6) 純資産価額方式による評価について、評価会社が課税時期前３年内に取得した土地等・建物等については、課税時期の通常の取引価額により評価する。

(7) 純資産価額方式による評価について、資産の含み益、内部留保の多い会社ほど株価が高く、欠損会社等は株価が低い。

(8) 無配の会社の株式の配当還元価額はゼロである。

(9) 資産の相続税評価額の合計額のうちに、株式の相続税評価額の合計額が占める割合が50％以上の会社は、株式等保有特定会社に該当する。

(10) 開業３年未満または類似業種比準価額算定上の３要素が２年間ゼロとなる会社については純資産価額で評価する。

解答

(1) ×	(2) ×	(3) ×	(4) ○	(5) ×
(6) ○	(7) ○	(8) ×	(9) ○	(10) ○

第7章

相続対策

1 相続対策の考え方

■1 相続対策の視点

（1）遺産分割対策（争続対策）

　相続税が課されない財産であっても、相続人が複数いる場合は相続人間で争いの発生する余地があるので争いが起こらないように手続する。

（2）納税資金対策

　相続財産に占める不動産の割合が多く換金がしづらい、また多額な相続税が発生するような場合、納税資金および引継ぎに係る諸費用のための資金を確保する。

（3）節税対策

　予想される相続税を生前に合法的に少なくする対策。相続税だけでなく贈与税・所得税・法人税等の税負担を総合的に勘案する。なお、対策により納税に苦慮する方法は避けなければならない。

2 具体的対策

1 遺産分割対策

① 遺言書の活用
② 分割を容易にする資産の組替え
　　売却・買換・交換の特例等を使い分割しづらい不動産を組替える。
③ 代償分割の活用
　　相続財産の大半が事業用不動産、自社株や居住用不動産等で、それを特定の相続人に相続させる場合は代償分割を使う手法も検討する。
　　生命保険を利用し代償交付財産の準備を行う。

2 納税資金対策

① 相続税の納税方法の事前対策
　　一括納付・延納・物納の選択を事前に検討しておく。特に物納はどのような財産でも物納できるわけではないので、物納予定財産の要件を整えるよう準備しておく。
② 金融資産の計画的贈与
③ 死亡保険金・死亡退職金の活用
④ 一時所得の活用
⑤ 不動産等の相続財産の売却
　　相続税額の取得費加算の特例活用
⑥ 資産の流動性を高めておく
⑦ 相続人固有財産の蓄積

3 節税対策（贈与による財産移転のポイント）

（1）目的

①	将来負担すべき相続税を減少させること
②	相続税の納税資金の確保

（2）メリット、デメリット

メリット	生前贈与資産は、相続税評価額の上昇分の影響を受けない
	孫への贈与など一世代飛び越す贈与は、相続税課税を1度減らすこととなる
	本人の意思で確実に目的財産を移転できる

デメリット (留意点)	多額の贈与は贈与税負担が重くなるので相続税率と比較検討する
	不動産贈与は諸費用も含めて比較する
	中長期的対策である
	生前贈与加算を受ける可能性がある
	生前贈与は被相続人の意思が反映されるので逆に将来の遺産分割のトラブルの原因を作る可能性がある

(3) 基本的考え方

受贈者	多いほどよいが、受贈者の贈与税負担能力を検討する
期間	長期にわたる方が税効率はよい
特例の活用	贈与税の配偶者控除
	直系尊属からの住宅取得資金贈与・教育資金・結婚子育て資金の一括贈与
資産の選択	評価額が上昇しそうな財産
	評価額引下げ後の財産
	時価と相続税評価額の乖離の大きい財産
	毎年繰返しの贈与には金融資産

(4) 相続時精算課税制度の活用

相続税が課税される場合、将来確実に評価が上昇しそうな財産であったり、収益を生む財産の場合は、被相続人の財産を増加させず相続人の納税資金の蓄積にもつながる。

4 相続評価の低減対策

(1) 低く評価される財産（不動産等）に資産をシフトする方法

相続税は時価でなく相続税評価額によって評価される。時価よりも相続税評価額の低い財産への乗換え、しかも将来の値上がりを予想して対応する。

時価よりも低い財産は、不動産（時価の80％程度）やゴルフ会員権（時価の70％程度）などがあげられるが、「時価」自体変動するため注意が必要である。同じ財産でも土地や建物などは、その用途により評価が異なる場合もある。

(2) 時価と相続税評価額のギャップに着目

基本的な手法は、通常の時価と相続税評価額との差額（ギャップ）を活用して行う。この差額部分が対策効果の余地である。

時価 － 相続税評価額 ＝ ギャップ

■時価額と相続税評価額のギャップ

財産の種類			時　価	相続税評価額
プラス	土地	自　用　地		時価の80％程度
		貸 家 建 付 地		自用地評価額（相続税評価額）×80％程度
		貸　　　地		自用地評価額（相続税評価額）×40％程度
		借　　　地		自用地評価額（相続税評価額）×60％程度
	建物	自　　　宅		固定資産税評価額（未償却残高の60％程度）
		貸　　　家		固定資産税評価額×70％程度
	生 命 保 険 金		保 険 金 額	▲500万円×法定相続人の数
	死 亡 退 職 金		退職金支給額	
	ゴ ル フ 会 員 権		相　　　場	相場×70％程度
	預　貯　金		残　　　　　高	
	上　場　株　式		取　引　相　場	
マイナス	借　入　金		残　　　　　高	

（注）「時価」自体変動するため、そのリスクヘッジも必要である。

（3）利用の仕方による評価額のちがい（土地の場合）

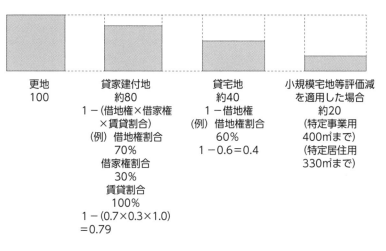

| 更地 100 | 貸家建付地 約80 1－（借地権×借家権 ×賃貸割合） （例）借地権割合 70％ 借家権割合 30％ 賃貸割合 100％ 1－（0.7×0.3×1.0） ＝0.79 | 貸宅地 約40 1－借地権 （例）借地権割合 60％ 1－0.6＝0.4 | 小規模宅地等評価減 を適用した場合 約20 （特定事業用 400㎡まで） （特定居住用 330㎡まで） |

（4）土地の有効活用（賃貸物件を建築した場合）

① 建物の敷地が「貸家建付地」の評価減を受けられる。

「評価額×借地権割合×借家権割合×賃貸割合」の分だけ評価減となる。

② 建物も評価減がある。

建物は相続税評価額（＝固定資産税評価額、通常、取得費の50～60％程度）で評価される。賃貸用であれば借家権割合×賃貸割合も考慮される。

③ 小規模宅地の特例の適用により、評価減を増やす。

④ 借入金残高は債務控除の対象となる。

⑤ 賃貸収入などから発生した収益を納税資金に充てられる。

(5) 問題点

① 賃料収入などから発生した収益は納税資金となる一方、相続財産を増やし、税額が膨らむ可能性がある。

② 相続発生までの期間が長ければ、対策の効果が薄れてくる。

③ アパート経営（マンション経営）自体が事業として採算に合うかどうかという点に注意しなければならない。

POINT!

・対策の力点のおき方は、遺産分割対策→納税資金対策→節税対策という流れになるが、総合的に行っていく必要がある。

・贈与による財産移転のポイントをおさえる。

3 生命保険の活用

1 遺産分割対策

　例えば、事業の後継者（例：長男）に財産を相続させる代わりに、残りの相続人（例：二男、三男）には生命保険金を使って現金を渡す。

　その方法には次の2つの方法がある。

(1) 方法－1
■契約例

契約者	被保険者	受取人	遺産分割方法
父	父	二男・三男	二男、三男が生命保険金を現金で受け取る

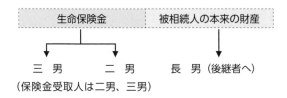

(2) 方法－2（代償分割活用）
　生命保険金も本来の相続財産もいったんすべて長男が受け取る。

　長男が受け取った生命保険金のなかから現金で、二男、三男に代償分割を行う。

■契約例

契約者	被保険者	受取人	遺産分割方法
父	父	長男	長男の受け取った生命保険金を二男、三男に代償分割する

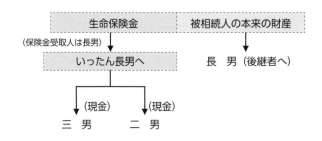

2 納税資金対策

（1）相続税の非課税枠の活用
　被相続人を契約者および被保険者とする生命保険契約から、相続人が受け取った死亡保険金は、「500万円×法定相続人の数」の非課税枠が使えることから、納税資金を確保することができる。

（2）納税資金対策における生命保険の契約形態
　契約形態には、契約者と被保険者を同一とする「相続税型」と、契約者と受取人を同一とする「所得税（一時所得）型」がある。どちらが有利になるかは、相続財産、相続人の所得等によって異なる。

■契約例　相続税型

契約者	被保険者	受取人	対象となる税金
父	父	子	相続税

■契約例　所得税型

契約者	被保険者	受取人	対象となる税金
子	父	子	所得税（一時所得）

（注）　子に保険料負担能力がない場合は、 **3** の保険料の現金贈与を行う。

3 税負担軽減と納税資金の併用

　現金の贈与を行い、その現金を保険料に充当して保険に加入する。相続時の課税は一時所得として所得税の対象となる。ただし、贈与時には贈与の事実の心証を得られるよう証拠書類を残すなど一定の要件を満たしておく必要がある。なお、贈与した保険料に関する生命保険料控除は、契約者（下記の契約例の場合「子」）が適用を受けるようにする。

■契約例

契約者	被保険者	受取人	対象となる税金
子	父	子	所得税（一時所得）

父が
保険料贈与　………贈与税の課税対象となる

4 二次相続対策

　一次相続（夫の死亡による相続）において、妻が多額の相続財産を取得した場合、二次相続（妻の死亡による相続）では「配偶者の税額軽減」が使えず、この相続税負担が大きくなる可能性があるため、事前に対策を行う必要がある。

■契約例①

契約者	被保険者	受取人	対象となる税金
妻	妻	子	相続税

　妻に収入がない場合にこの形態で契約すると、実際の保険料負担者が夫とみなされ、妻が夫より先に死亡した場合には、子が受け取る死亡保険金に贈与税がかかる可能性があるため注意が必要。

■契約例②

契約者	被保険者	受取人	対象となる税金
夫	妻	夫	夫の死亡時に、生命保険契約に関する権利の評価が相続税の対象となる

　夫の死亡後は、名義変更によって妻が契約者となり（受取人は子に変更）、二次相続のための納税資金として契約を継続する。

POINT!

生命保険は現金が入ってくるので、納税資金対策として有効である。

(1) 同じ価額の財産を子に贈与した場合と、孫に贈与した場合では、相続対策としての効果は同じとはいえない。

(2) 宅地の負担付贈与は、通常の取引価額で評価されるので、相続対策の効果はほとんどない。

(3) 贈与による相続税対策は、将来評価額の上昇が見込まれるものや、通常の取引額と評価額の乖離の大きいものほど有利である。

(4) 不動産は資金化に時間がかかるので、物納を予定している場合を除き、一定の割合を超える場合は、売却して保険や預貯金に換えておくのが望ましい。

(5) 相続人へ毎年金融資産を贈与して資金を蓄積していくことは相続税の節税になると同時に納税資金対策として有効な方法である。

(6) 死亡保険金を受け取った場合、その保険金のうち相続税は相続人1人当たり500万円まで非課税のため、養子は多い方がよい。

(7) 納税資金対策として生命保険を利用する場合、死亡保険金に対する課税は、相続税が課税されるより一時所得として所得税および住民税が課税される方が有利となることがある。

(8) 保有している更地に賃貸用マンションを建築した場合、相続の開始が貸借人の入居前であっても貸家建付地として評価される。

(9) 土地の有効活用の提案をするときは、相続対策としての効果ばかりでなく、不動産経営の収支予測なども行うべきである。

(10) 等価交換方式での有効活用は、相続対策として将来の土地の値上がりの影響を少なくするというメリットはない。

解答

(1) ○　(2) ○　(3) ○　(4) ○　(5) ○
(6) ×　(7) ○　(8) ×　(9) ○　(10) ×

第8章

事業承継対策

過去の出題状況	2022.5	2022.9	2023.1	2023.5	2023.9	2024.1
相続税の納税猶予制度		☆				
贈与税の納税猶予制度	☆			☆		☆
金庫株						☆
従業員持株会						
自社株の評価減						
事業用資産に係る相続税の納税猶予制度					☆	
事業用資産に係る贈与税の納税猶予制度					☆	

1．事業承継の概要

2．自社株の株数対策
特殊比率を上げる方法

3．自社株の評価減対策
類似業種比準方式の評価減
純資産価額方式の評価減
会社分割

4．役員退職金の活用

5．金庫株の活用

6．取引相場のない株式等に係る相続税の納税猶予制度

7．取引相場のない株式等に係る贈与税の納税猶予制度

8．個人事業者の事業用資産に係る相続税の納税猶予制度

9．個人事業者の事業用資産に係る贈与税の納税猶予制度

10．株式公開

1 事業承継対策の概要

事業承継対策 ─ 後継者対策
　　　　　　 ─ 自社株対策 ─ 株価対策　（株価引き下げ対策）
　　　　　　　　　　　　　 ─ 株数対策　（安定株主・経営支配権対策）

　中小法人においては所有と経営が分離していない場合も多く、事業承継にあたって所有と経営を別々の者に承継させると会社経営上不都合なこともあり、オーナーも所有権と経営権を一緒に後継者に渡したいと考えるのが通常である。

　そこで、必要となってくるのが自社株の所有権を円滑に承継するための対策である。

　「自社株対策」では、おおむね次の３点が対策の柱となる。

① 　自社株の評価額を下げる（経営の健全性に対するリスクを含んでいる）。

② 　所有株数を減らし株式を分散する（経営権の不安定というリスクを含んでいる）。

③ 　納税資金を確保する（保険等の利用）。

　その狙いは、相続財産全体の評価の引き下げ、生前贈与や譲渡の低コストでの実施、相続税の負担の減少、経営権の確保のための資金調達、運転資金確保などである。

　以上のような対策をいろいろな方法で行っていくが、適切な後継者が存在しない場合はM＆A（会社の譲渡）等も考慮しなくてはならなくなる。

POINT!

実務においては後継者対策（育成、教育）がまず重要となる。

2 自社株の株数対策

1 持株比率を上げる方法

　後継者等の特定の者が会社を支配するには、その者の持株比率を上げなければならない。この方法には、発行済株式総数を変えないで、特定の者に株式を移転する方法（譲渡、贈与など）、他の者が所有する株式を消却して発行済株式総数を減らし、特定の者の持株比率を相対的に上げる方法（株式の消却など）と、特定の者に株式を発行する方法（第三者割当増資、新株引受権付社債や転換社債の第三者割当発行など）の3つがある。

■持株比率を上げる方法

①　発行済株式総数を変えない方法 ── 譲渡
　　　　　　　　　　　　　　　　　└ 贈与など

②　発行済株式総数を増やす方法 ── 第三者割当 ── 増資（株式）
　　　　　　　　　　　　　　　　　　　　　　　　└ 新株引受権付社債等

③　発行済株式総数を減らす方法 ── 株式の消却 ── 資本の減少を伴う消却
　　　　　　　　　　　　　　　　　　　　　　　　└ 利益による消却　など

2 発行済株式総数を変えない方法

（1）株式の譲渡

①　単純譲渡
　(a)　同族関係者や同族会社（関連会社、持株会社）
　(b)　後継者
　(c)　従業員持株会
　(d)　第三者（金融機関、取引先等）
　(e)　財団法人等 ── 財団法人等の設立
　　　　　　　　　　└ 既存財団法人等への寄付

　　　生前に財団法人を設立し、その財団法人に自社株を寄付すると寄付した自社株は相続財産にはならない。また安定株主対策としても有効である。
　　　ただし、財団の設立には公益目的が必要であり、理事などの役員についても制限が多く、実務上設立は困難を伴う。
②　第三者（取引先など）間の持合い
③　現物出資

（2）株式の贈与

株価を低くしてから贈与する方が効果的だが、そうでなくても110万円の基礎控除が使えるので長期間にわたって毎年贈与するとかなりの株式を後継者に移すことができる。

贈与課税を前提として株式を贈与する方が事業承継対策になる。この場合は、必ず相続税を試算して、相続税で適用される税率より低い税率の贈与を実行すればよい。また、後継者が未成年等で贈与税を支払う資力がない場合は、現金と抱合せで贈与する。

■自社株（取引相場のない株式）の移転（個人株主間）

移転原因	取　得　者	課　税　関　係
贈　　与	同族関係者	贈与税（原則的評価額）
	同族関係者以外	贈与税（配当還元価額）
譲　　渡	同族関係者	所得税（住民税）申告分離※
	同族関係者以外	所得税（住民税）申告分離

※　譲渡価額が原則的評価額に満たない場合には、（原則的評価額−譲渡価額）×譲渡株数について取得者に低額譲受益として贈与税が課税される。

３ 発行済株式総数を増やす方法（第三者割当）

オーナー以外の者に対して、第三者割当増資を行うことによって、1株当たりの利益金額を下げると同時に会社規模を大きくしたり、評価上の区分が有利になるように計画することができる。

なお、割り当てられた第三者に対しては、新株引受権が発生することに注意が必要である。

① 　後継者への割当て

② 　中小企業投資育成会社への割当て

中小企業投資育成会社は、議決権を社長に白紙委任するため、経営には影響を与えない。極めて低い価額で割り当てることができるので評価が下がる。ただし、引受けには一定の要件が必要である。

４ 発行済株式総数を減らす方法（株式の消却）

株数を減少させる減資には、株式の消却と株式の併合がある。

株式消却には、株主に対価を支払う有償消却と支払わない無償消却とがあり、株式の併合とは、複数の株式を合わせてより少ない数の株式とすることをいう。有償消却の場合であれば、オーナーの所有株数を減少させることも可能（オーナーの個人財産は増えてしまう）であるが、減資は対外的な信用を損なうため、実務上使いにくい。

① 　資本の減少に伴う消却

② 　利益による消却（定款の規定に基づく場合を除く）

(a) 　株主総会の特別決議で決定

(b) 配当可能利益から自己株式保有額を控除した金額を限度とする

　利益消却とは、内部留保すなわち利益と自己株式を相殺して株式を消却する方法である。このため、オーナー所有の自社株を内部留保を使って消滅させれば株数対策となる。しかし、残存株主に対しては、源泉徴収義務はないものの、オーナー株主に対してみなし配当課税などの問題がある（上場・店頭登録企業については、非課税）。

5 従業員持株会の活用

① 配当優先株にすると議決権はなくなるので、経営に影響を与えない。優先株式を従業員や持株会に譲渡する（配当優先株にしないと譲渡できないわけではない）。

② 従業員持株会などに譲渡する際には、配当還元価額方式で評価することができるので、譲渡益はほとんど発生しない。

③ 従業員持株会制度は、事業承継対策としてばかりでなく、従業員のモラルを高め、福利厚生にも役立つことになる。しかし、運営については十分な注意を払う必要がある。

（注）従業員持株会規約の整備：参加資格、従業員退職時の株式の買取方法、買取価格算定方式などを規定する。特に従業員の退社時に株式が社外に流出しないようにする。

POINT!

経営権の確保には自社株の株数対策が重要である。

3 自社株の評価減対策

❶ 会社規模区分の引上げ

　中小法人の自社株は、ほとんどの場合純資産価額が類似業種比準価額を上回るので、類似業種比準価額のウエイトの高い方が評価額は低くなる。すなわち、類似業種比準価額だけで計算できる大会社が最も低い株価となる。

　そこで、会社規模を拡大して類似業種比準方式の採用割合を高める対策が検討できる。会社の規模区分を引き上げるための対策として以下の方法がある。

① 　従業員の増加
② 　総資産価額の増加
③ 　売上高の増加

　売上高（取引金額）を増やすことは難しいが、総資産価額を増やすことは比較的簡単である。しかし、売上高と従業員が増えず、総資産価額だけ増えても会社区分の変更はできない。

❷ 類似業種比準方式での評価減

（1）　1株当たり配当金額の引下げ

① 　2年間無配当または低率配当

　　1株当たりの配当の計算は直前期と直前々期の平均であるから、2期続けて配当を抑制する。ただし、特定の評価会社になると純資産価額方式で評価される。

（注）直前期および直前々期とも、配当をゼロにした場合で、比準価額要素の2以上がゼロになってしまうと、特定の評価会社に該当し、純資産価額方式で評価される。

② 　記念配当や特別配当の利用

　　1株当たりの配当金額の算出には、特別配当や記念配当など非継続的な配当は含まれないので、無配にできない場合には、特別配当や記念配当を増やす（「特別配当」「記念配当」はあくまでも非経常的でなくてはならない）。

（2）　1株当たりの利益金額の引下げ

① 　損金計上

　　損金をより多く計上できれば、類似業種比準方式で計算する場合には1株当たりの利益金額が減少し、結果として株価を引き下げることができる。

(a) 　役員退職金の支給
(b) 　不良在庫の処分・廃棄
(c) 　不良債権の放棄（損金算入できるもの）
(d) 　高額な減価償却資産の取得
(e) 　多額の消耗品の購入
(f) 　営業譲受による営業権の償却

　　(g)　生命保険の加入など
②　会社分割（高収益部門の分離）

（3）類似業種平均株価の低い業種への転換

　類似業種は主たる事業を選ぶことになっているので、事業内容が複数あり、兼業している場合には各部門の分離独立による業種分割が可能である。
　また、各事業部門の売上割合が接近していれば、主たる事業を株価の低い業種に移行する方法も考えられる。

（4）株式相場下落の利用

　類似業種比準方式では、評価額は上場企業の業種別株価をもとに算出されるが、株式相場が下落しているときには、業種別株価も下がっているので、相場下落時に自社株を後継者に贈与または売買することは、低い評価額での移転が可能になり効果が大きい。なお、自社の業績が悪い場合にも類似業種比準方式による評価は下がるので持株移転の時期とすることができる。

3 純資産価額方式での評価減

（1）時価と相続税評価額の差がある資産の取得

①　不動産の取得（3年以内に取得した不動産は取引価額で評価）
（注）借入金による不動産投資の場合には、取得した土地または建物が賃貸物件であれば土地は貸家建付地として、建物は借家権を控除した価格で評価されるため、ある程度の評価圧縮が可能である。
②　ゴルフ会員権の取得
③　一般動産の取得
④　生命保険の加入

（2）損金計上

　2類似業種比準方式の項参照

4 配当還元価額方式での評価減

①　配当の引下げ
②　記念配当や特別配当の利用
　　2類似業種比準方式の項参照

5 持株会社の設立

　オーナーが直接会社の株を所有するのではなく、所有形態を変え、オーナーが持株会社を通じ会社を間接的に所有する対策である。
　会社の株式は、売却や現物出資により、持株会社に移転する。持株会社に移転する

ときに、譲渡所得税等が課税されるので、他の株式の譲渡損失と通算するなどの方法で譲渡しないと、税負担が大きくなる。

持株会社の配当や利益は少なくして、類似業種比準方式による株価を引き下げる。ただし、総資産額に占める株式の価額が50%以上であると、株式等保有特定会社とされて、純資産価額方式による評価となり、対策の効果はかなり減殺される。

6 会社分割（高収益部門の分離）

評価会社の事業部門のなかで、高収益部門を営業譲渡などにより、別会社として独立させる。また、建物を新会社に賃貸することにより、土地を貸家建付地評価とすることも可能となる。この場合、新会社の株主は後継者とする。

現オーナーの会社に低収益部門が残るので、配当や利益も減少し、類似業種比準方式による株価は相当低くなる。従業員の転籍によって退職金の支給も出てくるので、利益のみならず純資産価額方式による評価額も低くなる。

7 特定会社の認定回避

（1）資産構成の変動

資産構成を変えて一般会社へシフトし、類似業種比準価額が適用できるようにする。

例えば、土地保有特定会社になっている会社は、土地・建物を現物出資して、保有土地の割合を下げることにより、類似業種比準方式で評価することが可能になる。

また、借入金によって、建物の新築や現金預金を増加することによっても回避は可能であるが、課税時期直前において合理的な理由なく資産構成を変動させると、意図的に特定会社の認定を回避したとして、税務当局から更正される可能性があるので、相続直前の資産構成の変更は避けて、早期に対策に着手すべきである。

（2）会社規模区分の引下げ

例えば、土地保有特定会社（大会社）の土地保有割合は70%以上であるのに対し、中会社になれば土地保有割合が90%以上となることにより特定会社に該当しなくなるケースも出てくる。

POINT!

自社株の評価減対策は法人税の節税対策にも連動する。

4 役員退職金の活用

1 自社株の評価の引下げ

役員に生前退職金を支給することにより、利益・配当を減らす方法で、支給時期を任意に決定することができるというメリットがある。

2 法人税法上の取扱い

(1) 分掌変更等により損金算入

法人税法上、役員退職金の支給は、役員が完全に会社から引退しなくても、次のいずれかに該当すれば損金算入が認められる。

① 常勤役員が非常勤役員になった場合
② 取締役が監査役になった場合
③ 分掌変更により、報酬がおおむね50％以上減った場合
（注）「地位または職務の内容の激変」が前提となる。

(2) 役員退職給与の適正額

法人税法上、役員退職給与のうち不相当に高額な部分は損金の額に算入されない。

そこで、どこまでが適正額であるかが問題となるが、判例のなかで比較的適用例が多いのが「功績倍率方式」である。

■功績倍率方式による適正額

> 最終報酬月額 × 役員在職年数 × 功績倍率

3 死亡退職金と生命保険金との関係

役員を被保険者とし、契約者および受取人を法人とする定期保険に納税資金等を考慮して加入していることが少なくない。この場合において、受け取った保険金は法人税法上益金に算入され課税されるが、その保険金を役員の死亡退職金として支払った場合には、**2**(2)の適正額が損金の額に算入される。

POINT!

役員退職金の適正額をおさえる。

5 相続財産に係る非上場株式をその発行会社に譲渡した場合のみなし配当課税の特例（金庫株の活用）

■ 要 件

　相続または遺贈により財産の取得をした個人でその相続または遺贈につき相続税が算出されるものが、その相続の開始があった日の翌日からその相続税の申告書の提出期限の翌日以後3年を経過する日までの間にその相続税額に係る課税価格の計算の基礎に算入された上場株式等以外の株式（以下「非上場株式」という）を当該非上場株式の発行会社に譲渡した場合。

■ 取扱い

① 　当該非上場株式の譲渡の対価として当該発行会社から交付を受けた金銭の額が当該発行会社の資本金等の金額のうちその交付の基因となった株式に対応する部分の金額を超えるときは、その超える部分の金額については、みなし配当課税を行わない。

② 　上記の適用を受ける金額について、株式等に係る譲渡所得等に係る収入金額とみなして、株式等に係る譲渡所得等の課税の特例を適用する。

■設例　原則課税と特例の取扱い

交付金銭（譲渡対価）100円
発行会社の資本金等の金額　70円
取得価額　60円

【解　答】
　(a)　原　　則
　　　　100円 − 70円 ＝ 30円　みなし配当（総合課税）
　　　　（100円 − 30円）− 60円 ＝ 10円　譲渡益（分離課税）
　(b)　特　　例
　　　　100円 − 60円 ＝ 40円　譲渡益（分離課税）
　(c)　相続税の取得費加算が適用できる

■ 金庫株制度

（1）自社株の取得・保有・処分

　会社が自社の発行する株式（自社株・金庫株）を取得すると、出資の払戻しと同じ

結果になる。自社株の取得はかつては全面的に禁止されていたが、今では、取得の原則禁止そのものが廃止され、取得の手続と取得の財源に関する規制に絞られている。

取得手続の原則	株主総会で、株式数・対価・期間を定めて決議すれば、自社株を取得できる。決議により、定めた枠の範囲内で自社株を取得することを取締役会に授権することになる。 （注）　特定の者から自己株式を取得するためには、株主総会の特別決議が必要である。
取得の財源	自社株を取得する財源として使えるのは、原則として、配当に回すことのできる剰余金（分配可能額）である。
保有と処分	自社株は、消却や処分をしてもよく、保有してもよい。保有していても、議決権や剰余金の分配を受ける権利などはない。処分の方法は、原則として取締役会で決定する（定款に譲渡制限の定めのある会社の場合は、株主総会の特別決議）。

４ 分配可能額

剰余金 （前期末）	分配可能額
自己株式取得までの 期間の剰余金等	自己株式等

（注）ただし、自己株式を取得することにより、貸借対照表の純資産額が300万円を下回ってはならない。

POINT!

金庫株の取得を行う財源の代表として生命保険の活用がある。

6 取引相場のない株式等に係る相続税の納税猶予制度

1 概　要

　経営承継相続人が、非上場会社を経営していた被相続人から相続等によりその会社の株式等を取得し、その会社を経営していく場合には、納税猶予の適用を受けることができる。2018年度税制改正において、この納税猶予制度について、従前の制度（一般措置）に加え、10年間の措置として、要件の緩和や猶予対象株式の拡大等がされた特例措置が創設された。ここでは、特例措置について確認していく。

　　(注)「経営承継相続人」とは、「中小企業における経営の承継の円滑化に関する法律」（以下「円滑化法」という）の規定に基づき都道府県知事の認定を受ける一定の非上場会社（以下「認定中小企業者」という）の代表者であった者の後継者をいう。なお、特例措置の適用を受ける場合は、「特例経営承継相続人」とされる。

2 納税猶予

　特例経営承継相続人等が前代表者から相続等により取得したその会社の株式等のすべてが納税猶予の対象となり、100％納税が猶予される。

3 納税猶予（特例措置）を受けるための要件

（1）特例承継計画の策定・提出
　後継者や経営見通し等を記載した「特例承継計画」を策定し、税理士等の認定経営革新等支援機関の所見を記載したものを2026年3月31日までに都道府県知事に提出しなければならない。

（2）都道府県知事の認定
　納税猶予の適用を受けるためには、「円滑化法」に基づき、会社が計画的な事業承継に係る取り組みを行っていることにつき「都道府県知事の認定」を受ける必要がある。この「都道府県知事の認定」を受けるためには、原則として、相続開始後8カ月以内にその申請を行わなければならない。

　　(注)「都道府県知事の認定」とは、具体的には会社、先代経営者および後継者が納税猶予の適用要件を満たしているかどうかの認定を受けることである。

（3）会社の主な要件
　①　都道府県知事の認定を受けた中小企業者で、会社の株式が非上場株式等であること
　②　常時使用する従業員が1人以上であること
　③　資産管理会社ではないこと
　④　風俗営業会社ではないこと　など

（4）先代経営者である被相続人の主な要件

① 相続開始前のいずれかの日において会社の代表権を有していたことがあること

② 相続開始の直前において、被相続人および被相続人の同族関係者で総議決権数の50％超の議決権数を保有し、かつ、被相続人が保有する議決権数が経営承継相続人等を除いたこれらの者の中で最も多くの議決権数を保有していたこと

（5）特例経営承継相続人等の主な要件

① 相続開始の日の翌日から5カ月を経過する日において会社の代表権を有していること

② 後継者および後継者の同族関係者で総議決権数の50％超の議決権数を保有し、かつ、これらの者の中で最も多くの議決権数を保有することとなること

③ 相続税の申告期限まで納税猶予の適用を受ける非上場株式等の全てを保有していること

（注）後継者は、被相続人の親族はもちろん親族ではない者でも認められる。また、特例措置においては、最大3人の後継者への承継まで対象となる。

（6）担保の提供

納税が猶予される相続税額および利子税の額に見合う担保を提供しなければならない。ただし、この制度の適用を受ける非上場株式等のすべてを担保として提供した場合には、納税が猶予される相続税額および利子税の額に見合う担保が提供されたものとみなす。

（7）特例経営承継期間における継続要件

納税猶予を継続するためには、特例経営承継期間（相続税の申告期限の翌日から5年を経過する日までの期間）において、次の要件を満たさなければならない。

① 後継者が非上場株式等を保有し続けること

② 後継者が会社の代表者であること

③ 5年間の従業員数の平均が、相続開始時における従業員数の8割を維持すること

（注）上記③の条件を満たさない場合でも、その理由を都道府県に提出し、確認を受ければよい。

4 猶予税額の納付

（1）全額の納付

特例経営承継期間内において上記**3**(7)の継続要件を満たさないこととなった場合等には、納税猶予は打切りとなり猶予税額の全額と利子税をあわせて納付しなければならない。

（2）一部の納付

特例経営承継期間経過後において、特例対象株式等を譲渡等した場合には、譲渡等をした部分に対応する猶予税額と利子税をあわせて納付しなければならない。

5 猶予税額の免除

次の場合に該当したときは、猶予税額の全部または一部が免除される。

① 特例経営承継相続人等が死亡のときまで非上場株式等を保有し続けた場合など一定の場合には、猶予税額が免除される。

② 特例経営承継期間経過後においては、1）その会社が経営破たんした場合、2）次の後継者に株式を贈与して、その後継者が贈与税の納税猶予制度の適用を受けるときなど一定の場合には、猶予税額の全部または一部が免除される。

③ 同族関係者以外の者へ保有する株式等を一括して譲渡した場合で、その譲渡対価または譲渡時の時価のいずれか高い額が猶予税額を下回るときには、その差額分の猶予税額が免除される。

6 手　続

特例経営承継期間（相続税の申告期限の翌日から5年間）は、引き続き納税猶予を受ける旨や会社の経営に関する事項を記載した「継続届出書」を毎年所轄税務署長に提出しなければならない。5年経過後は、3年ごとに「継続届出書」を提出する。

7 未分割である取引相場のない株式等についての不適用

申告期限までに、取引相場のない株式等の全部または一部が共同相続人または包括受遺者によってまだ分割されていない場合には、その分割されていない取引相場のない株式等は、この規定の適用を受けることができない。

■非上場株式等に係る相続税の納税猶予制度（特例措置）の概要

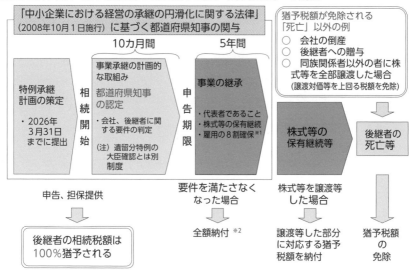

※1　雇用の8割確保とは、5年間における従業員数の平均が相続開始時における従業員数の80%を上回ることをいう。

※2　雇用確保要件については、一定の書類を提出すれば猶予打切りは確定しない。

■設例

次の資料に基づき、長男Aの納付すべき相続税額および納税猶予額を計算しなさい。

〔資　料〕

被相続人甲の死亡（本年3月1日）により、配偶者乙および長男Aはそれぞれ被相続人甲の遺産を次のとおり取得した。その内容は次のとおりである。

(1) 長男Aが取得した財産

取引相場のない株式　600,000株

（発行済株式総数　600,000株　@1,000円）

その他の財産　　　　200,000千円

(2) 配偶者乙が取得した財産

その他の財産　　　　200,000千円

なお、相続人は配偶者乙および長男Aのみであり、長男Aは株式の納税猶予（特例措置）の適用を受けるための要件はすべて満たしている。

相続税の速算表

法定相続人の取得金額	税率	控除額	法定相続人の取得金額	税率	控除額
10,000千円以下	10%	—	200,000千円以下	40%	17,000千円
30,000千円以下	15%	500千円	300,000千円以下	45%	27,000千円
50,000千円以下	20%	2,000千円	600,000千円以下	50%	42,000千円
100,000千円以下	30%	7,000千円	600,000千円超	55%	72,000千円

【解　答】

(1) 各人の課税価格

 ① 長男A 600,000千円[※] + 200,000千円 = 800,000千円 ｝ 合計 1,000,000千円

  ※ 600,000株 × 1千円 = 600,000千円

 ② 配偶者乙   200,000千円

(2) 相続税の総額

 ① 1,000,000千円 − 42,000千円[※]（基礎控除額）= 958,000千円

  ※ 30,000千円 + 6,000千円 × 2人 = 42,000千円

 ② $958,000千円 × \dfrac{1}{2} = 479,000千円$

 ③ 479,000千円 × 50% − 42,000千円 = 197,500千円

 ④ 197,500千円 × 2 = 395,000千円

(3) 各人の算出税額（第1段階）

 ① 長男A $395,000千円 × \dfrac{800,000千円}{1,000,000千円} = 316,000千円$

 ② 配偶者乙 $395,000千円 × \dfrac{200,000千円}{1,000,000千円} = 79,000千円$

(4) 納税猶予額の計算（第2段階）

 ① 特例対象非上場株式等のみ取得したものとした場合の長男Aの算出税額

  イ 800,000千円[※] − 42,000千円（基礎控除額）= 758,000千円

   ※ 600,000千円 + 200,000千円 = 800,000千円

  ロ $758,000千円 × \dfrac{1}{2} = 379,000千円$

  ハ 379,000千円 × 50% − 42,000千円 = 147,500千円

  ニ 147,500千円 × 2 = 295,000千円

  ホ $295,000千円 × \dfrac{600,000千円}{800,000千円} = 221,250千円$

 ② 納税猶予額（百円未満切捨て）

 221,250千円

(5) 長男Aの納付すべき相続税額（第3段階）

 (3)① − (4)② = 94,750千円

POINT!

一般措置では発行済議決権株式総数の３分の２までが80％猶予され、特例措置では取得した全ての発行済議決権株式が全額猶予される。

7 取引相場のない株式等に係る贈与税の納税猶予制度

1 概 要

　認定中小企業者の代表者であった者の後継者が、その代表者であった者から贈与によりその保有株式等の全部を取得し、その会社を経営していく場合には、その猶予対象株式等の贈与に係る贈与税の全額の納税を猶予することとする。贈与についても、相続と同様に2018年度税制改正において特例措置が創設されており、以下、特例措置の適用を前提に確認する。

　なお、後継者が贈与税の納税猶予制度の適用を受けている場合であっても、後継者を含む推定相続人等は「相続時精算課税制度」を利用できる。

2 納税猶予（特例措置）を受けるための要件

（1）特例承継計画の策定・提出

　後継者や経営見通し等を記載した「特例承継計画」を策定し、税理士等の認定経営革新等支援機関の所見を記載したものを2026年3月31日までに都道府県知事に提出しなければならない。

（2）都道府県知事の認定

　相続税の納税猶予と同様に、会社、先代経営者および後継者が納税猶予の適用要件を満たしていることにつき「都道府県知事の認定」を受ける必要がある。「都道府県知事の認定」を受けるためには、贈与のあった年の翌年1月15日までにその申請を行わなければならない。

（3）先代経営者等である贈与者の要件

① 会社の代表権を有していたこと
② 贈与時において会社の代表権を有していないこと
　（注）代表権を有していなければ、役員であってもよい。
③ 贈与の直前において、贈与者および贈与者の同族関係者で総議決権数の50％超の議決権数を保有し、かつ、贈与者が保有する議決権数が後継者を除いたこれらの者の中で最も多くの議決権数を保有していたこと

　贈与の直前において、上記の要件を満たす贈与者がすでに特例措置の適用を受けている場合には、①、②の要件は不要となる（先代経営者以外の株主からの贈与も対象となる）。

（4）後継者である受贈者の要件

　贈与の時において
① 会社の代表権を有していること

② 18歳以上であること

③ 役員に就任してから3年以上経過していること

④ 後継者および後継者の同族関係者で総議決権数の50%超の議決権数を保有し、かつ、これらの者の中で最も多くの議決権数を保有することとなること

　（注）相続税の納税猶予と同様、後継者は親族以外の者でも認められ、最大3人まで適用対象となる。

(5) その他

会社の要件、担保の提供および特例経営承継期間における継続要件は、相続税の納税猶予と同様である。

❸ 猶予税額の納付

贈与税の申告期限から5年以内に継続要件を満たさないこととなった場合には、納税猶予税額の全部または一部を納付しなければならない。この場合、相続時精算課税制度の適用が認められる。なお、特例措置の適用を受ける場合は、贈与者の推定相続人等でない後継者も相続時精算課税制度の適用が可能である。

❹ 猶予税額の免除

次に該当する場合には、猶予税額の全部または一部の納付が免除される。

① 先代経営者である贈与者が死亡した場合

② 先代経営者である贈与者の死亡前に特例経営承継受贈者が死亡した場合

③ 申告期限後5年を経過した後に、特例経営承継受贈者が次の後継者へ納税猶予の適用を受けている非上場株式等を贈与し、その後継者が贈与税の納税猶予の特例の適用を受ける場合

❺ 贈与者の死亡時の取扱い

贈与者の死亡時には、その後継者が猶予対象株式等を相続により取得したものとみなして、贈与時の時価により他の相続財産と合算して相続税額を計算する。その際、都道府県知事の確認を受けた場合には、相続税の納税猶予を適用する。

■非上場株式等に係る贈与税の納税猶予制度（特例措置）の概要

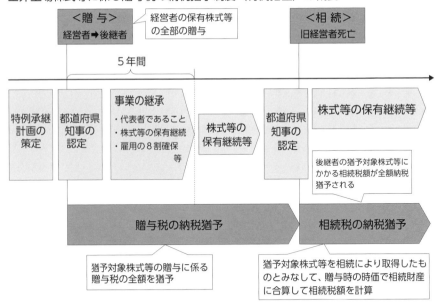

（注1）雇用の8割確保は相続税の納税猶予と同様である。

（注2）要件を満たせば2代目から3代目の後継者への再贈与も認められ、2代目の猶予税額が免除される。

POINT!

後継者に株式等を贈与することで、他の相続人との関係においてスムーズに事業承継を行える。

8 個人事業者の事業用資産に係る相続税の納税猶予制度

1 概　要

　特例事業相続人※1が、2019年1月1日から2028年12月31日までの間に相続等により特定事業用資産※2を取得し、事業を継続していく場合には、担保の提供を条件に、その特例事業相続人が納付すべき相続税額のうち、相続等により取得した特定事業用資産の課税価格に対応する相続税の納税が猶予される。

- ※1 「特例事業相続人」とは、承継計画※3に記載された後継者であって、中小企業における経営の承継の円滑化に関する法律の規定による認定を受けた者をいう。
- ※2 「特定事業用資産」とは、被相続人の事業（不動産貸付事業等を除く）の用に供されていた土地（面積400㎡までの部分に限る）、建物（床面積800㎡までの部分に限る）および建物以外の減価償却資産（固定資産税または営業用として自動車税もしくは軽自動車税の課税対象となっているものその他これらに準ずるものに限る）で青色申告書に添付される貸借対照表に計上されているものをいう。
- ※3 「承継計画」とは、認定経営革新等支援機関の指導および助言を受けて作成された特定事業用資産の承継前後の経営見通し等が記載された計画であって、2019年4月1日から2026年3月31日までの間に都道府県に提出されたものをいう。

2 猶予税額の納付

① 特例事業相続人が、特定事業用資産に係る事業を廃止した場合等には、猶予税額の全額を納付する。
② 特例事業相続人が、特定事業用資産の譲渡等をした場合には、その譲渡等をした部分に対応する猶予税額を納付する。

3 猶予税額の免除

（1）全額免除
次の場合には、猶予税額の全額を免除する。
① 特例事業相続人が、その死亡の時まで、特定事業用資産を保有し、事業を継続した場合
② 特例事業相続人が一定の身体障害等に該当した場合
③ 特例事業相続人について破産手続開始の決定があった場合
④ 相続税の申告期限から5年経過後に、次の後継者へ特定事業用資産を贈与し、その後継者がその特定事業用資産について贈与税の納税猶予制度（次項9を参照）の適用を受ける場合

（2）一部免除

　次の場合には、非上場株式等についての相続税の納税猶予制度の特例に準じて、猶予税額の一部を免除する。

① 同族関係者以外の者へ特定事業用資産を一括して譲渡する場合
② 民事再生計画の認可決定等があった場合
③ 経営環境の変化を示す一定の要件を満たす場合において、特定事業用資産の一括譲渡または特定事業用資産に係る事業の廃止をするとき
（注）上記の「経営環境の変化を示す一定の要件」は、非上場株式等についての相続税の納税猶予制度の特例に準じた要件とする。

　なお、上記①②③のいずれかの場合には、過去5年間に特例事業相続人の青色事業専従者に支払われた給与等で必要経費として認められない額は免除しない。

4 その他

① 被相続人は相続開始前において、特例事業相続人は相続開始後において、それぞれ青色申告の承認を受けていなければならない。
② 特例事業相続人は、相続税の申告期限から3年ごとに継続届出書を税務署長に提出しなければならない。
③ この納税猶予の適用を受ける場合には、特定事業用宅地等について小規模宅地等についての相続税の課税価格の計算の特例の適用を受けることができない。

POINT!

・青色申告の承認を受ける必要がある。
・特定事業用宅地等の評価減の特例とは選択適用。

9 個人事業者の事業用資産に係る贈与税の納税猶予制度

1 概　要

特例事業受贈者（18歳（2022年3月31日以前の贈与については、20歳）以上であるものに限る）が、2019年1月1日から2028年12月31日までの間に、贈与により特定事業用資産を取得し、事業を継続していく場合には、担保の提供を条件に、その特例事業受贈者が納付すべき贈与税額のうち、贈与により取得した特定事業用資産の課税価格に対応する贈与税の納税を猶予する。

(注) 特例事業受贈者が贈与者の直系卑属である推定相続人以外の者であっても、その贈与者がその年1月1日において60歳以上である場合には、相続時精算課税の適用を受けることができる。

2 猶予税額の納付・免除

前項8個人事業者の事業用資産に係る相続税の納税猶予制度の場合と同様。

3 贈与者の死亡時の取扱い

特定事業用資産（すでに納付した猶予税額に対応する部分を除く）をその贈与者から相続等により取得したものとみなし、贈与時の時価により他の相続財産と合算して相続税を計算する。その際、都道府県知事の確認を受けた場合には、相続税の納税猶予の適用を受けることができる。

4 その他

この納税猶予の適用を受けるためには、受贈者は贈与者が事業の用に供している特定事業用資産のすべてを贈与により取得する必要があり、特定事業用資産の一部の贈与について納税猶予の適用を受けることはできない。

POINT!

・贈与者に年齢要件はない。
・特例事業受贈者が贈与者の直系卑属である推定相続人以外の者であっても、その贈与者がその年1月1日時点で60歳以上である場合には、相続時精算課税制度の適用を受けることができる。

10 株式公開の仕組み（第9章参照）

　自社株の問題点は、評価額に相当する換金価値がない点にあるので株式公開により換金性をもたせ、一部を処分して納税資金とする。

　経営支配権は弱まるが、創業者利益を受けることができる。

POINT!

自社株対策は次の3つのステップからなる。

　株価対策 —— 評価額の引下げ

　株数対策 —— オーナー社長の自社株の移転と後継者の議決権の確保

　　　　　　　贈与税の納税猶予

　納税対策 —— 役員退職金（生命保険の活用）

　　　　　　　自己株式の取得（生命保険の活用）

　　　　　　　相続税の納税猶予

　　　　　　　株式公開

チェックテスト

(1) 役員に生前退職金を支給すると、利益も純資産も減少するので自社株の評価減の効果がある。

(2) 類似業種比準方式の場合、3期連続赤字で、配当も3期連続0に抑えても、純資産価額方式を用いた併用方式の評価となり、かえって評価が上がってしまうことがある。

(3) オーナーが同族関係者以外に譲渡した自社株（取引相場のない株式）を後継者（同族関係者）が買い戻す場合には配当還元価額で買い戻せば問題はない。

(4) 会長一族の経営支配権を維持するため、配当優先株に転換して従業員持株会に譲渡することがある。

(5) 従業員持株会は、従業員のモラルを高め、福利厚生にも役立つが、運営については持株会規約を作成する等、十分な注意を払う必要がある。

(6) 役員に生前退職金を支給することにより利益・配当を減らす方法で株価を下げることができる。

(7) 代表取締役社長が、代表権のない会長に退いて報酬がおおむね50%以上減った場合に支給を受ける役員退職金は、その法人の損金の額に算入することができる。

(8) 会社が相続人から株式を買い取るにあたっては交付する対価の帳簿価額の総額が分配可能額を超えてはならないとする財源規制がある。

(9) 取引相場のない株式等に係る相続税の納税猶予制度の適用を受けるためには納税猶予の対象となる株式等のすべてを担保に供しなければならない。

(10) 取引相場のない株式等に係る贈与税の納税猶予制度において、特例措置の適用を受ける場合、納税猶予の対象となるのは発行済議決権株式の3分の2に達する部分までである。

解答

| (1) ○ | (2) ○ | (3) × | (4) ○ | (5) ○ |
| (6) ○ | (7) ○ | (8) ○ | (9) × | (10) × |

第**9**章

事業と経営

過去の出題状況	2022.5	2022.9	2023.1	2023.5	2023.9	2024.1
会社法						

1. 会社設立（法人成り）

2. 株式公開

3. 会社法

4. M＆A

1 会社設立（法人成り）

1 会社設立（法人成り）のメリット

① 取引先などの対外信用の増大および資金調達が有利となる

② 事業所得から給与所得への転換

　個人事業の経営者は事業所得として申告するが、法人設立後は法人からの役員報酬として給与所得となる。

③ 家族従業員に対する給与・退職金支給が可能

　個人事業であっても家族に対する給与は事前に届出書を提出することにより可能であるが、もっぱらその事業に従事するという条件や、年齢制限があり、子どもがアルバイト代わりに手伝った場合などは必要経費とならないが、法人であれば、これらの制限はない。

　また、経営者本人に対する退職金は、個人の場合は支払えないが、法人であれば支払うことは可能である。

④ 生命保険料の経費化

　代表者本人を被保険者とする生命保険契約は、法人の場合にはその保険料の全部または一部を損金の額に算入することができるが、個人の場合には生命保険料控除しかない。

⑤ 消費税が2年間免税（資本金1,000万円未満の場合）

　資本金が1,000万円未満であれば法人設立後2年間は、原則として消費税が免税である。

⑥ 相続税対策に有利

　事業承継は自社株の贈与などにすれば、個人資産の贈与よりも簡単である。また、相続税対策として自社株の方が計画的に実行できる。

⑦ 欠損金（純損失）の繰越控除

　個人の場合には純損失の金額は最高で3年間しか繰り越せないが、法人の場合には欠損金は最高で9年間（2018年4月1日以後開始事業年度からは10年間）繰り越すことができる。

　なお、これらは青色申告が要件とされているものであるため、白色申告の場合には受けられない。

2 デメリット

① 記帳業務や申告が個人の場合よりも複雑

② 交際費には限度枠がある

　個人の場合には、「損金算入限度額」といった考え方はないが、法人の場合には、資本金などからの損金不算入が問題になる。

③ 各種経費負担の増大（設立費用、税理士報酬など）

④ 税務調査が多い
　　個人の場合に比べて法人の場合の方が税務調査を受けることが多い。
⑤ 同族会社の特別な取扱い
　　法人成りによって設立した法人は同族会社である場合が多く、同族会社に該当すれば、役員の認定など特別な取扱いがある。

■所得税と法人税の比較

	所得税	法人税
交際費	全額必要経費となる	損金算入限度額が定められている
退職金(事業主・取締役等)	必要経費とならない	損金算入できる
青色申告承認申請書の提出期限	開業日から2カ月以内	設立の日から3カ月以内
青色欠損金等の繰越控除	3年	9年※
減価償却	強制償却	任意償却
法定償却方法	定額法	定率法（建物等を除く）
税率構造	超過累進税率	比例税率
申告期限	翌年2月16日から3月15日まで	各事業年度終了の日の翌日から原則として2カ月以内

※　2018年4月1日以後開始事業年度からは10年間。

POINT!
税務上のメリットをおさえる。

2 株式公開

株式公開とは、広く誰でも株式を売買できるようになることである。

1 株式公開のメリット

① 経営体質の近代化
   ・同族会社からの脱皮と経営管理体制の整備・強化ができる。
② 資金調達方法の拡大と財政基盤の強化
   ・公募増資による低コスト資金の導入ができる。
   ・金融機関に対する信用力が向上する。
③ 知名度・社会的信用の増大
   ・優秀な人材が確保できる。
   ・営業上の信用を得る。
   ・社員の士気が向上する。
④ 株式の流動性の増加
   ・公正な株価の形成につながる。
   ・株式の資産価値の増加により創業者利益を受けることができる。

2 デメリット

① 株主対策の必要性
   ・株主総会の運営等に注意を払わなければならない。
② 経営権に対する脅威
   ・株主代表訴訟など少数株主権の行使による経営への脅威が多くなる。
③ 管理部門費の増加
   ・有価証券報告書の作成など事務量が増加する。
   ・公認会計士や監査法人による監査のための費用などが増加する。
④ 公私混同の禁止

POINT!

株式公開は事業承継の一手法である。

3 会社法

1 会社法

会社法とは、会社に関する様々なことを定めた法律である。会社法において会社は、株式会社、合名会社、合資会社、合同会社の4種類に分類されている。

(1) 社員の責任

会社法では株主等の出資者のことを社員という。社員の責任については次のように分類される。

① 直接責任と間接責任

直接責任	会社の債権者に対して直接弁済の義務を負う
間接責任	会社への出資行為を通じてのみ責任を負い、会社の債権者が社員に請求してきても、直接支払う必要はない

② 有限責任と無限責任

有限責任	会社の債権者に対して、出資した金額を限度として責任を負う
無限責任	会社の債権者に対して、無限に責任を負う

③ 会社の種類と責任

株式会社	間接有限責任 株式の引受価額を限度とする出資義務を負うだけで、会社債権者に対しては直接に責任を負わない
合名会社	直接無限責任 社員全員が、会社債権者に対して直接無限責任を負う
合資会社	直接無限責任と直接有限責任の2つの社員からなる
合同会社	間接有限責任 株式会社と同様である

(2) 公開会社と非公開会社

会社法における公開会社とは、上場会社を意味するのではなく、株式の譲渡制限の有無により分類される。譲渡制限のある株式を他人に譲りたい場合は、会社の承認を受ける必要がある。

公開会社	発行する株式の全部または一部について、譲渡制限がない会社
非公開会社	発行する株式の全部に譲渡制限がある会社

(3) 株式会社の機関設計

機関とは、会社の意思決定や運営・管理をする機構のことをいい、「株主総会」、「取

締役」、「取締役会」、「監査役」、「監査役会」、「会計監査人」、「会計参与」などがある。株式会社の機関設計については、さまざまな類型が認められているが、**株主総会と取締役**はすべての株式会社に必ず設置しなければならない機関となっている。

① 株主総会

　株式会社の最高意思決定機関で、定款の変更、取締役・監査役の選任、会社の解散・合併など、会社の重要な事項についての決定機関。決算期ごとに年１回開催される「定時株主総会」と、必要に応じて開催される「臨時株主総会」がある。

② 取締役

　取締役は、株主総会で選任される。非公開会社の場合、取締役は１人いればよい。取締役の任期は原則として２年であるが、非公開会社においては、定款で定めることにより最長10年まで伸長することができる。

③ 取締役会

　非公開会社では、取締役会の設置は任意であるが、公開会社は取締役会の設置が義務付けられている。取締役会を設置した場合には、取締役は３人以上でなければならない。また、取締役会を設置した会社は、監査役を設置しなければならない。

④ 監査役

　監査役は株主総会で選任され、取締役の職務の執行を監査することがその役割である。監査役の任期は原則４年であるが、非公開会社は定款で定めることにより最長10年まで伸長することができる。

⑤ 監査役会

　３人以上の監査役が必要で、そのうち半数以上は社外監査役でなければならない。監査役会は監査役の中から常勤監査役を定めなければならない。公開会社で、かつ大会社※の場合は、監査役会を設置しなければならない。

※　大会社とは、資本金が５億円以上または負債総額が200億円以上の会社をいう。

⑥ 会計監査人

　会計監査人とは、会社の計算書類などを会計監査することを主な職務とするものである。会計監査人になれるのは、公認会計士または監査法人である。大会社は設置が義務付けられている。

⑦ 会計参与

　会計参与とは、経営者と共同名義で会社の決算書類を作成することを職務とするものである。会計参与になれるのは、公認会計士または税理士である。会計参与の任期は原則として２年であるが、非公開会社においては、定款で定めることにより最長10年まで伸長することができる。

POINT!

株主総会と取締役はすべての株式会社が設置しなければならない。

4 M&A

　M＆Aとは、「Mergers（合併）and Acquisitions（買収）」の略であり、2つ以上の企業が一つになる合併や、ある企業が他の企業を買収するなどがある。

　主なM＆Aの手法として以下の方法があるが、実務上は株式譲渡が最も多い。

	特徴
株式譲渡	・買い手が株式のおおむね5割超を取得 ・買収後も買収された会社の社名や組織を変えない。買収された会社の社員の給与水準、退職金は基本的に変わらない
事業譲渡	・買い手が事業の一部または全部を取得する方式 ・買収された会社の従業員は退社して買い手企業に転職する。しかし、不利益変更は認められないので、基本的に労働条件は悪化しない ・買収された会社の社員は、買収先の企業に転職することになるため、退職金を受け取り、転職先に新たに入社する
合併	・買い手企業は消滅する
株式交付	・株式会社に限り適用を受けられる ・子会社とする議決権の51％以上を所有していれば適用を受けられる
株式交換	・合同会社など、株式会社に限らず適用を受けられる ・子会社とする議決権の100％所有が要件である

(1) 会社法で会社とは、株式会社、合名会社、合資会社、合同会社の4種類である。

(2) 上場会社の株券はすべてペーパーレスである。

(3) 株式会社において、配当は年2回しかできない。

(4) 自社株の問題として換金することが難しいという点があげられるが、その対策の一つとして、株式を公開して換金価値のあるものに換えるという方法がある。

(5) 中堅企業が株式公開すると、オーナーの相続税がかえって高くなり、事業承継・相続対策上何らメリットはない。

(6) オーナー経営者にとって株式公開は、創業者利潤の実現と株式の資産価値の増大等の観点からメリットはある。

(7) 法人成りすると超過累進税率から比例税率へ変わるため、必ず税負担が減少する。

(8) 欠損金の繰越控除（災害によるものではない）は青色申告の特典である。

(9) 法人成りにより給与所得控除分だけ個人の課税所得は圧縮される。

(10) 個人事業者は本人に対してはもちろんのこと専従者に対しても退職金を支払うことはできない。

解答

(1) ○	(2) ○	(3) ×	(4) ○	(5) ×
(6) ○	(7) ×	(8) ○	(9) ○	(10) ○

Memo

索　引

<執筆者>

中川　貴弘（なかがわ・たかひろ）
１級ファイナンシャル・プランニング技能士／ＣＦＰ®認定者／プライマリープ
ライベートバンカー／証券外務員一種／相続アドバイザー
大手介護会社勤務を経て、2006年に株式会社Ｔ＆Ｋを設立。
資格の学校ＴＡＣおよび大学などでＦＰ講座や証券外務員講座の講師として活
動している。

よくわかるFPシリーズ

2024-2025年版
合格テキスト　FP技能士1級　⑥相続・事業承継

（2013年度版　2013年6月30日　初版　第1刷発行）
2024年6月5日　初　版　第1刷発行

編 著 者	Ｔ Ａ Ｃ 株 式 会 社	（FP講座）
発 行 者	多　　田　　敏　　男	
発 行 所	Ｔ Ａ Ｃ 株式会社　出版事業部	（TAC出版）

〒101-8383
東京都千代田区神田三崎町3-2-18
電話　03（5276）9492（営業）
FAX　03（5276）9674
https://shuppan.tac-school.co.jp

印　　刷	株式会社　ワ　　コ　　ー	
製　　本	株式会社　常　川　製　本	

© TAC 2024　　　Printed in Japan

ISBN 978-4-300-11198-7
N.D.C. 338

魅惑のパーソナルファイナンスの世界を感じられる無料オンラインセミナーです!

「多くの方が不安に感じる年金問題」「相続トラブルにより増加する空き家問題」

「安全な投資で資産を増やしたいというニーズ」など、社会や個人の様々な問題の解決に、

ファイナンシャルプランナーの知識は非常に役立ちます。

長年、ファイナンシャルプランニングの現場で顧客と向き合い、

夢や目標を達成するためのアドバイスをしてきたベテランFPのTAC講師陣が、

無料のオンラインセミナーで魅力的な知識を特別にお裾分けします。

とても面白くためになる内容です!

無料のオンラインセミナーですので、気軽にご参加いただけます。

ぜひ一度視聴してみませんか? 皆様の世界が広がる実感が持てるはずです。

皆様の **人生を充実させる**のに必要なコンテンツがぎっしり詰まった**オンラインセミナー**です!

参考 ▷ **過去に行ったテーマ例**

- 達人から学ぶ「不動産投資」の極意
- 老後に役立つ個人年金保険
- 医療費をたくさん払った場合の節税対策
- 基本用語を分かりやすく解説 NISA
- 年金制度と住宅資産の活用法
- FP試験電卓活用法
- 1級・2級本試験予想セミナー
- 初心者でもできる投資信託の選び方
- 安全な投資のための商品選びのチェックポイント
- 1級・2級頻出論点セミナー

- そろそろ家を買いたい!実現させるためのポイント
- 知らないと損する!社会保険と公的年金の押さえるべきポイント
- 危機、災害に備える家計の自己防衛術を伝授します
- 一生賃貸で大丈夫?老後におけるリスクと未然の防止策
- 住宅購入時の落とし穴!購入後の想定外のトラブル
- あなたに必要な保険の見極め方
- ふるさと納税をやってみよう♪ぴったりな寄付額をチェック

書籍で学習されている方のための
直前期の試験対策に最適のコース！

1級の書籍で一通り知識のインプット学習を進めている方が、
直前期に最短で効果的な知識の確認と演習を行うことができるコースです。
難関である1級学科試験を突破するために、TACの本試験分析のノウハウを手に入れて
合格を勝ち取りたい方にとって打ってつけのコースです。

最新の試験分析のエッセンスが詰まった
あなたにオススメのコース

▼

1級直前対策パック
（総まとめ講義＋模擬試験）

TACオリジナル教材「総まとめテキスト」(非売品)が手に入ります！

TAC FP 1級直前対策パック 🔍

最新の法改正を総ざらいできることはもちろん、
☑ **3年で6回以上出た「サブロクチェック」**
☑ **穴埋めで確認「キーワードチェック」**
☑ **押さえておくべき「定番出題パターン」**
☑ **出題傾向をベースにした「予想問題」など、**
1級試験の"急所"がばっちり押さえられます！

TACは何度も出題されるところを知り尽くしています！

OP オプション講座

1級直前対策パック（総まとめ講義6回＋模擬試験1回）

総まとめ講義

試験直前期に押さえておきたい最新の法改正などポイントを総ざらいした「総まとめテキスト」を使用します。

基礎編は出題範囲は広いものの50問しかないため、取りこぼしができません。過去の本試験の頻出論点もピックアップ。"サブロクチェック"で知識の再確認を行います。

応用編は、空欄補充問題と計算問題が中心となります。空欄補充問題で問われやすい論点の用語等のチェックと、計算問題の解法手順を演習を繰り返しながらマスターします。

模擬試験 ※自己採点（配布のみ）

本試験形式のTAC予想問題です。満点を取るまで繰り返し復習し、本試験に臨みましょう。

ひと目でわかるよう図表などを用いて重要論点をまとめています。

過去3年間で6回以上出題されている論点をピックアップしたもので、効率よく知識の再確認ができます。

通常受講料

通学（教室・ビデオブース）講座	¥35,000	
Web通信講座	¥40,000	
DVD通信講座		

※0から始まる会員番号をお持ちでない方は、受講料のほかに別途入会金（¥10,000・消費税込）が必要です。会員番号につきましては、TACカスタマーセンター（0120-509-117）までお問い合わせください。
※上記受講料は、教材費込・消費税込です。

コースの詳細、割引制度等は、TAC HP またはパンフレットをご覧ください。

TAC FP 1級直前対策パック 🔍

TAC出版 書籍のご案内

TAC出版では、資格の学校TAC各講座の定評ある執筆陣による資格試験の参考書をはじめ、資格取得者の開業法や仕事術、実務書、ビジネス書、一般書などを発行しています!

TAC出版の書籍

*一部書籍は、早稲田経営出版のブランドにて刊行しております。

資格・検定試験の受験対策書籍

- ✪日商簿記検定
- ✪建設業経理士
- ✪全経簿記上級
- ✪税　理　士
- ✪公認会計士
- ✪社会保険労務士
- ✪中小企業診断士
- ✪証券アナリスト

- ✪ファイナンシャルプランナー(FP)
- ✪証券外務員
- ✪貸金業務取扱主任者
- ✪不動産鑑定士
- ✪宅地建物取引士
- ✪賃貸不動産経営管理士
- ✪マンション管理士
- ✪管理業務主任者

- ✪司法書士
- ✪行政書士
- ✪司法試験
- ✪弁理士
- ✪公務員試験(大卒程度・高卒者)
- ✪情報処理試験
- ✪介護福祉士
- ✪ケアマネジャー
- ✪電験三種　ほか

実務書・ビジネス書

- ✪会計実務、税法、税務、経理
- ✪総務、労務、人事
- ✪ビジネススキル、マナー、就職、自己啓発
- ✪資格取得者の開業法、仕事術、営業術

一般書・エンタメ書

- ✪ファッション
- ✪エッセイ、レシピ
- ✪スポーツ
- ✪旅行ガイド (おとな旅プレミアム/旅コン)

FP（ファイナンシャル・プランナー）対策書籍のご案内

TAC出版のFP（ファイナンシャル・プランニング）技能士対策書籍は金財、日本FP協会それぞれに対応したインプット用テキスト、アウトプット用テキスト、インプット＋アウトプット一体型教材、直前予想問題集の各ラインナップで、受検生の多様なニーズに応えていきます。

みんなが欲しかった！シリーズ

『みんなが欲しかった！ FPの教科書』
- ●1級 学科基礎・応用対策 ●2級・AFP ●3級
- 1級：滝澤ななみ 監修・TAC FP講座 編著・A5判・2色刷
- 2・3級：滝澤ななみ 編著・A5判・4色オールカラー
- ■ イメージがわきやすい図解と、シンプルでわかりやすい解説で、短期間の学習で確実に理解できる！動画やスマホ学習に対応しているのもポイント。

『みんなが欲しかった！ FPの問題集』
- ●1級 学科基礎・応用対策 ●2級・AFP ●3級
- 1級：TAC FP講座 編著・A5判・2色刷
- 2・3級：滝澤ななみ 編著・A5判・2色刷
- ■ 無駄をはぶいた解説と、重要ポイントのまとめによる「アウトプット→インプット」学習で、知識を完全に定着。

『みんなが欲しかった！ FPの予想模試』
- ●3級 TAC出版編集部 編著 滝澤ななみ 監修・A5判・2色刷
- ■ 出題が予想される厳選模試を学科3回分、実技2回分掲載。さらに新しい出題テーマにも対応しているので、本番前の最終確認に最適。

『みんなが欲しかった！ FP合格へのはじめの一歩』
- 滝澤ななみ 編著・A5判・4色オールカラー
- ■ FP3級に合格できて、自分のお金ライフもわかっちゃう。本気でやさしいお金の入門書。自分のお金を見える化できる別冊お金ノートつきです。

わかって合格るシリーズ

『わかって合格る FPのテキスト』
- ●3級 TAC出版編集部 編著 A5判・4色オールカラー
- ■ 圧倒的なカバー率とわかりやすさを追求したテキストさらに人気YouTuberが監修してポイント解説をしてくれます。

『わかって合格る FPの問題集』
- ●3級 TAC出版編集部 編著 A5判・2色刷
- ■ 過去問題を徹底的に分析し、豊富な問題数で合格をサポートさらに人気YouTuberが監修しているので、わかりやすさも抜群。

スッキリシリーズ

『スッキリわかる FP技能士』
- ●1級 学科基礎・応用対策 ●2級・AFP ●3級
- 白鳥光良 編著・A5判・2色刷
- ■ テキストと問題集をコンパクトにまとめたシリーズ。繰り返し学習を行い、過去問の理解を中心とした学習を行えば、合格ラインを超える力が身につきます！

『スッキリとける 過去＋予想問題 FP技能士』
- ●1級 学科基礎・応用対策 ●2級・AFP ●3級
- TAC FP講座 編著・A5判・2色刷
- ■ 過去問の中から繰り返し出題される良問で基礎力を養成し、学科・実技問題の重要項目をマスターできる予想問題で解答力を高める問題集。

書籍の正誤に関するご確認とお問合せについて

書籍の記載内容に誤りではないかと思われる箇所がございましたら、以下の手順にてご確認とお問合せをしてくださいますよう、お願い申し上げます。

なお、正誤のお問合せ以外の**書籍内容に関する解説および受験指導などは、一切行っておりません。**
そのようなお問合せにつきましては、お答えいたしかねますので、あらかじめご了承ください。

1 「Cyber Book Store」にて正誤表を確認する

TAC出版書籍販売サイト「Cyber Book Store」の
トップページ内「正誤表」コーナーにて、正誤表をご確認ください。

URL：https://bookstore.tac-school.co.jp/

2 ①の正誤表がない、あるいは正誤表に該当箇所の記載がない
⇒ 下記①、②のどちらかの方法で文書にて問合せをする

★ご注意ください★

お電話でのお問合せは、お受けいたしません。

①、②のどちらの方法でも、お問合せの際には、「お名前」とともに、
「対象の書籍名（○級・第○回対策も含む）およびその版数（第○版・○○年度版など）」
「お問合せ該当箇所の頁数と行数」
「誤りと思われる記載」
「正しいとお考えになる記載とその根拠」
を明記してください。

なお、回答までに1週間前後を要する場合もございます。あらかじめご了承ください。

---

① ウェブページ「Cyber Book Store」内の「お問合せフォーム」より問合せをする

【お問合せフォームアドレス】

https://bookstore.tac-school.co.jp/inquiry/

---

② メールにより問合せをする

【メール宛先　TAC出版】

syuppan-h@tac-school.co.jp

※土日祝日はお問合せ対応をおこなっておりません。
※正誤のお問合せ対応は、該当書籍の改訂版刊行月末日までといたします。

乱丁・落丁による交換は、該当書籍の改訂版刊行月末日までといたします。なお、書籍の在庫状況等により、お受けできない場合もございます。
また、各種本試験の実施の延期、中止を理由とした本書の返品はお受けいたしません。返金もいたしかねますので、あらかじめご了承くださいますようお願い申し上げます。